기획 이진우

MBC 라디오 '이진우의 손에 잡히는 경제'의 진행자이자 경제 유튜브 '삼프로 TV'의 부대표를 맡아, 쉴 틈 없이 대중에게 다방면의 경제 이야기를 풀어내고 있습니다. 1999년부터 서울경제신문과 이데일리에서 약 15년간 경제신문 기자로 일했으며, 2010년 한국기자협회가 주는 경제보도부문 한국기자상을 수상했습니다. 알쏭달쏭한 경제를 쉽고 재미있게 전달하기 위해 노력하는 방송인.

글 글몬

도서관의 책 사이에서 태어난 몬입니다. 어릴 적엔 책 사이를 덤벙덤벙 뛰어다니다 자주 혼이 났습니다. 문예창작을 전공한 뒤 글 쓰는 글몬이 되었습니다. 몬섬의 몬들이 가상 세계 골드시티에서 좌충우돌하며 경제를 배우는 이야기를 쓰고 있습니다.

그림 지문

대학에서 역사를 공부하며 느낀 세상의 이야기들을 그림을 통로로 다양하게 전하고 있습니다. 현재 ㈜예성크리에이티브 대표, 한국어린이그림책연구회 회원이며, 강남구립도서관에서 미래의 그림 작가님들과 만나 소통하고 있습니다. 그린 책으로 코딩 동화 『팜』 시리즈와 『우리 아빠가 어때서!』, 『우리는 다양해:생물』, 『뜻밖의 재미난 이야기로 한국사를 만나는 특별한 역사책』, 『플라스틱:안 사고, 다시 쓰고, 돌려 쓰고』 등이 있고, 그린 웹툰은 〈안동 선비의 레시피〉, 〈인이와 공이의 메타버스 여행〉, 〈제가 조선의 운명을 바꿔 보겠습니다〉 등이 있습니다.

어린이를 위한 사회탐구 프로젝트

이진우 기자의 왕 말리는 경제 모험

① 처음 만나는 경제

기획 이신우 | 글 글몬 | 그림 지문

아울북

차례

"어린이 경제 이야기"를 펴내며 ········· 6

프롤로그_ 몬성이 되어 버린 몬숲 이야기 ········· 15

1장 몬섬을 찾은 첫 번째 인간 ········· 31

2장 몬 원정대 결성! ········· 48

3장 우당탕탕 골드시티 입성기 ········· 64

  〔원정대의 몬숭아 토크〕 깜토야, 잠이 깬 이유가 뭐야?
  〔게임2 숨은그림찾기〕 몬숭아를 찾아라!

4장 벼룩시장의 검은 손! ······ 85
- **원정대의 온송아 토크** 인간들은 교환을 좋아해.
- **이기자 리포트** 돈에 대한 생각

5장 골드시티에서 살아남기 ······ 108
- **게임2 미로 찾기** 가자, 축제장으로!

6장 장미 축제 대소동 ······ 127
- **원정대의 온송아 토크** 진짜 엄청난 일이 벌어졌어.
- **이기자 리포트** 돈을 벌어 볼까요?

2권 미리보기 ······ 148
- **게임3 컬러링** 알록달록 골드시티 꾸미기

"어린이 경제 이야기"를 펴내며...

　많은 부모님들이 아이에게 일찍부터 경제 교육을 시키고 싶어 합니다. 왜냐고 물으면 어릴 때부터 경제관념을 제대로 심어 주기 위해서라고 답을 하십니다. 그런데 그 '경제관념'이라는 건 도대체 뭘까요. 우리는 경제관념을 절약 정신이나 재테크 감각과 유사한 개념이라고 오해합니다. 그래서 어린이들의 경제 교육을 용돈을 아껴 쓰라고 강조하거나 은행에 가서 통장을 만들고 저금하는 법을 알려 주는 걸로 시작합니다.

경제는 합리적 선택의 결과물입니다

　저의 지인은 아이가 아이스크림을 사 달라고 하면 집 앞 편의점으로 가지 않고 일부러 한참을 가야 하는 아이스크림 할인점까지 아이를 데리고 걸어간다고 합니다. 편의점에서는 천오백 원인 아이스크림을 거기서는 천 원에 파는데, 그걸 아이에게 사 주고 돌아오면서 오백 원이라는 돈을 아끼기 위해 들인 노력을 설명해 준답니다. 왜 그렇게 하느냐고 물으니 아이에게 경제관념을 심어 주기 위해서라고 합니다. 돈의 소중함을 느끼게 하고 돈을 아껴 쓰는 습관을 길러 주는 게 경제관념을 키우는 길이라고 생각한 것 같습니다.

　그러나 경제관념이라는 건 그런 게 아닙니다. 적은 돈도 절약하고 저축해야 한다고 가르칠 게 아니라, 아이스크림 할인점에서 천 원에 파는 아이스크림이 왜 편의점에서는 천오백 원에 팔리고 있는지를 설명해 줘야 합니다. 똑같은 아이스크림이 편의점에서 더 비싼 이유를 편의점 주인이 욕심이 많기 때문이라고 설명해서도 안 됩니다. 거래 관계에서는 나쁜 사람과 착한 사람의 구별이 없다는 것, 우리 모두는 예외 없이 욕심을 갖고 있으며 모두 각자의 위치에서 가장 합리적인 선택을 할 뿐이라는 걸 알려 주는 게, 더 중요한 경제 교육입니다.

만약 같은 가격에 아이스크림을 팔면 사람들은 쉽게 접근할 수 있는 편의점으로만 가게 된다는 점, 그래서 할인점은 편의점보다 싸게 팔아야 장사를 할 수 있다는 점을 꼼꼼하게 설명해 주는 게 아이들에게 더 필요한 경제 교육입니다. 아이들은 그런 설명을 들을 때 아이스크림 가격 하나에서도 입체적인 개념을 갖게 됩니다.

경제를 접하는 아이의 경험이 중요한 이유

미국 하버드 대학교의 라즈 체티 교수는 '계층 이동성'에 대해 연구하는 학자입니다. 계층 이동성이란 쉽게 말해 저소득층 가정에서 태어난 아이가 어른이 됐을 때 고소득층으로 편입되는 걸 의미하는데요. 라즈 체티 교수의 연구는 저소득층이 고소득층으로 계층 이동을 하는 데 있어서 중요한 요인들이 무엇인가를 찾아내는 것에 초점이 맞춰져 있습니다.

　흥미로운 연구 결과들이 있습니다. 예를 들면 저소득층 가정에서 태어난 아이들을 두 그룹으로 나눈 다음, 친구의 70% 이상이 부유한 집안의 아이들인 그룹 A와 친구들 역시 대부분 저소득층 출신인 그룹 B를 수십 년간 추적 관찰했더니, 부자 친구가 많았던 그룹 A가 성인이 됐을 때 평균 소득이 B그룹보다 20%가량 더 높았습니다.

　또 다른 연구도 있죠. 미국의 유명한 대학에 다니는 학생들 중 성적이 비슷한 학생들의 부모 소득을 조사해서 소득이 낮은 집 출신 학생들(A)과 소득이 높은 집 출신 학생들(B)로 구분한 뒤 수십 년 후에 두 그룹의 평균 소득을 조사해 봤더니, B그룹의 소득이 훨씬 더 높았습니다. 어린 시절의 경제적 여건에 따라 왜 소득에서 차이가 생기는지 궁금했던 라즈 체티 교수는 A그룹과 B그룹 학생들의 직업을 하나하나 살펴보다가 아주 재미있는 현상을 발견했습니다.

　이 학생들 중 고소득층 출신 학생들(B)은 졸업 후에 컨설팅이나 금융업 등 소위 돈을 잘 버는 업종으로 취업한 반면, 저소득층 출신 학생들(A)은 공무원이나 저널리스트 같은 공적인 영역의 직업을 선택한 경우가 많았던 겁니다. 그러다 보니 소득도 B그룹이 더 높았던 것이죠.

　A그룹 학생들이 유독 공적인 영역으로 더 많이 진출한 이유에 대해서

는 아직 명확하게 밝혀진 바가 없습니다. 저 개인적으로는 A그룹의 학생들이 자라면서 부모와 비슷한 가치관을 갖게 되어, 돈을 좇는 직업보다 공적인 일이 더 가치 있다고 판단했던 게 아닐까 생각합니다. 반면 B그룹의 학생들은 어릴 때부터 돈을 버는 일이 얼마나 의미 있고 재미있는 일인지, 그런 걸 방해하는 규제가 얼마나 부당한 것인지에 대한 이야기를 부모들로부터 간접적으로 자주 전해 들었을 가능성이 크고, 그게 직업을 선택할 때 영향을 줬을 것이라고 추측합니다.

세상을 흑백 논리로 나누지 않게 해 주세요

어느 한쪽으로 치우치지 않고 현실을 그대로 투명하게 이해하는 '경제관념'은 그런 이유로 인생에서 매우 중요합니다. 하루 종일 열심히 일하는 근로자 A보다 두어 시간 일하다 퇴근하는 고용주 B의 월급이 더 많은 건 고용주 B가 사악하거나 비도덕적이어서가 아니라, 근로자 A의 일을 할 다른 후보자들이 많기 때문이라는 걸 아이들도 이해할 수 있게 해줘야 합니다.

그러지 않으면 월급이 부족하다는 생각이 들 때 잘못된 선택을 하게 됩니다. 부가 가치가 낮은 일 대신 다른 일을 하기 위해 자기 계발을 좀 더 해야겠다고 생각할지, 아니면 욕심 많은 고용주와 싸워서 임금을 올려

야겠다고 생각할지는 그가 갖고 있는 '경제관념'이 결정합니다.

그런 점에서 우리나라의 경제 교육은 매우 수준이 낮거나 엉뚱한 내용으로 가득합니다. 미국에서는 고용주가 근로자에게 어떤 이유로 임금을 지급하는지, 경기와 실업의 관계는 어떠한지를 가르치는데, 우리나라는 용돈을 스스로 벌게 하면서 절약이 왜 중요한지를 강조합니다. 미국은 부채(빚)는 좋은 부채와 나쁜 부채가 있으며 리스크 관리를 잘하면 부채가 자산 증식의 좋은 수단이 될 수 있다고 가르치는 데 반해, 우리나라의 경제 교육은 부채가 피해야 할 나쁜 것이라는 점만 강하게 주입합니다.

세상의 모든 사람들은 예외 없이 이기적이고 자신의 이익을 위해 움직인다는 것을 이해하지 않은 채 세상을 선과 악으로 구분하고 나에게 호의적인 사람과 적대적인 사람, 내 편인 사람과 남의 편인 사람으로 나눠서 보는 건 굉장히 위험한 일입니다. 합리적인 판단을 하는 사람은 나에게 지금 판매하려는 금융 상품의 좋은 점만 나열하는 사람을 의심의 눈으로 봅니다. '왜 저 사람은 자신의 이익보다 내 이익을 더 챙기려고 할까. 나에게만 유리한 거래라는 게 있을 리 없는데.'라고 생각하는 게 올바른 경제관념입니다. 그래야 오히려 속지 않습니다.

그런데 세상을 선과 악, 또는 아군과 적군으로 나누면 '저 사람은 선한 사람이고 우리 편이라서 나에게 좋은 상품을 권하는구나.'라고 생각하고 의심을 거두게 됩니다. 금융 사기 피해는 그런 곳에서 싹틉니다.

일상의 이야기를 통해 경제관념을 배울 수 있기를

우리가 아이들의 경제 교육을 중요하게 생각하는 이유는 어릴 때부터 경제관념을 심어 주기 위해서이며, 그리고 경제관념이라는 것은 일상에서 벌어지는 모든 일의 합리적인 이유와 배경을 잘 이해하는 지적인 힘을 의미한다고 말씀드렸습니다.

그런 면에서 아이들이 흥미를 가질 수 있도록 잘 짜여진 재미있는 일상과 그 안에서 벌어지는 다양한 사건들을 담고 있는 『몬말리는 경제 모험』이 아이들의 경제 교육에 도움이 될 것입니다. 주인공들이 인간 세상의 경제 상황을 맞닥뜨리면서 선택해야만 하는 것들의 합리적인 이유와 배경을 이해할 수 있게 해 주세요. 그런 과정을 통해 세상에서 벌어지는 일들을 이해하는 지적인 힘을 조금이라도 기를 수 있게 된다면, 수요 공급의 법칙이나 희소성의 원칙을 설명하는 것보다 훨씬 유익한 경제 교육이 될 수 있을 것이라고 생각합니다.

이진우 ("MBC 손에 잡히는 경제"·"삼프로TV" 진행자)

등장인물

그란발
종족 큰발족
특징 풍성하고 보드라운 털, 커다란 덩치
좋아하는 것 반짝이는 것

깜토, 지우리와 함께 삼총사를 이룬다. 쿨쿨병에 걸린 깜토를 내내 업고 다닌 따뜻한 마음의 소유자. 쿨쿨병에 걸린 몬들을 구하고 싶은 마음 반, 넘쳐나는 호기심 반으로, 골드시티에는 뭐든지 있다는 제나의 말에 몬섬을 떠나기로 마음먹는다.

지우리
종족 나무족
특징 넝쿨을 자유자재로 조종함
좋아하는 것 책 읽기, 약초 제조

몬섬의 자타 공인 약초꾼. 새로운 풀을 발견할 때마다 씹어 보고, 냄새를 맡고, 끓여 보는 것이 취미다. 몬섬에서 더 이상 새로운 풀을 찾을 수 없는 것이 큰 슬픔 중 하나다.

깜토
- **종족** 그림자족
- **특징** 으스스한 그림자 분신과 함께 다님
- **좋아하는 것** 달콤한 것

평소엔 조용한 편.
격한 감정은 그림자가 대신 표현한다.
몬섬에 퍼진 쿨쿨병에 희생될 뻔했으나,
매일같이 찾아와 깨우고 흔들어 대는
그란발과 지우리 덕분에 아직은 무사하다.
쿨쿨병에 빠져들기 직전 유일하게 깨어난 몬으로서,
치료제의 단서가 될지도?

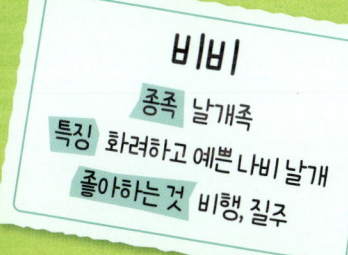

비비
- **종족** 날개족
- **특징** 화려하고 예쁜 나비 날개
- **좋아하는 것** 비행, 질주

큰발족과 함께 몬섬에서 인간들을 몰아낸
날개족 조상의 후예이며, 몬 원정대의 대장.
원정대에서 유일하게 날 수 있어서
정찰하는 임무를 맡게 된다.

장로
종족 큰발족

나이를 가늠할 수 없는 몬섬의 지도자.
인간이 몬섬에 쳐들어오자, 가장 선두에서 몬들을
지휘했다는 이야기가 있다. 몬 원정대를
인간 세상으로 보낸 이후, 걱정이 이만저만이 아니다.

제나

새로운 걸 보면 먹어 보거나 직접 가 보거나
부딪혀 보아야 직성이 풀린다. 제나의 꿈은 큰 상인.
몬들이 인간 세상에 발을 들이는 데 첫발을 제공한다.

하루

모든 걸 계획대로 진행하는 프로 계획러.
단, 제나와 있을 때만 빼고.
즉흥적인 제나와 은근 케미가 맞아
예상치 못한 모험을 하게 된다.

프롤로그

몬섬이 되어 버린 몬숲 이야기

인간 세상과 완전히 분리된 몬숲, 아니 몬섬은 오랫동안 바다를 항해했다. 그리고 인간들의 세상에서 영원히 사라진 듯했다.

아무도 찾지 않는 이곳은 평화로웠지만, 또 지루하기도 했다. 수천 년간 지속된 평화로운 삶 속에서 몬들은 점점 게을러졌고, 아무것도 하지 않으려 했다. 그리고 어느 날부터 잠에서 깨어나지 않는 몬들이 점점 늘어 갔다.

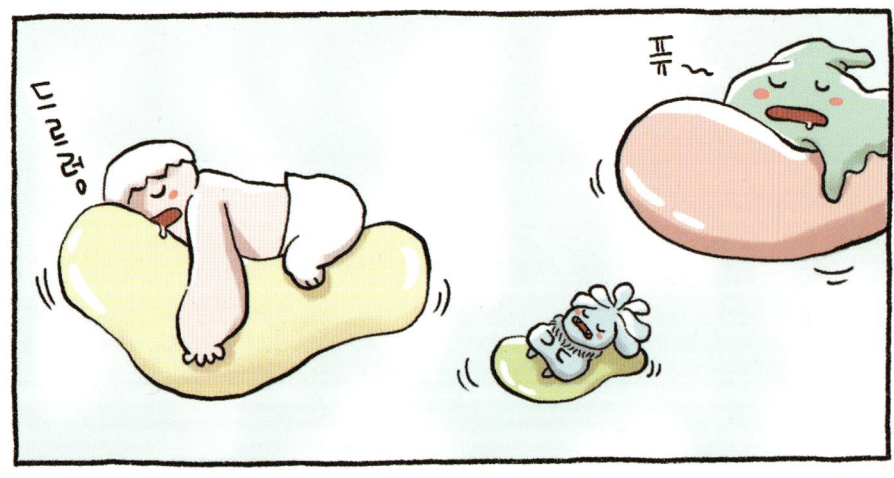

잠만 자던 몬들 중에는 완전히 돌처럼 딱딱해져 버리는 경우도 있었다. 몬들은 이 현상을 '쿨쿨병'이라고 불렀다.

지우리는 오늘도 점점 돌이 되어 가는 친구들을 위해, 약을 구하러 나섰다. 몬섬에서 나는 모든 나무와 꽃과 풀을 시험해 봤지만, 친구들을 깨울 수 있는 건 아무것도 없었다.

절친 깜토마저 눈을 뜨고 있는 시간보다 눈을 감고 있는 시간이 더 많아지자, 지우리와 그란발은 점점 초조해졌다.

"어쩌지? 이러다 깜토까지 돌이 될 것 같아."

그란발의 어깨가 축 처지자, 지우리가 주먹을 불끈 쥐었다.

"좋아, 결심했어."

그란발의 눈이 동그래졌다.

"뭘?"

지우리가 속닥속닥 그란발의 귀에 대고 속삭였다.

"몬섬 안에는 더 이상 시도해 볼 약초도 없어. 난 섬 밖으로 나가 볼게."

그란발의 눈이 더 커졌다.

"뭐? 그러다 장로님에게 들키기라도 하면 어쩌려고!"

그러나 지우리의 결심은 단호했다.

"뒤는 너에게 맡긴다. 날 찾으시면, 잘 부탁해!"

지우리는 그렇게 눈앞에서 사라져 버렸다.

"으아아……, 이러다 깜토는 돌이 되고, 지우리는 내쫓기는 거 아냐? 그 전에 내가 먼저 방법을 찾아야겠어!"

솜몬은 몬섬의 정보통이었다. 작은 몸으로 포르르 포르르 어디든 날아다닐 수 있어서, 몬섬에서 일어나는 소식을 누구보다 많이 알았다. 오늘 그란발에게 놀러 온 솜몬이 신기한 이야기를 해 주었다.

"반짝이는 나무를 찾았어. 네가 찾는 게 있을지도 몰라."

그 말에 그란발이 솜몬을 따라 달렸다.

"이게 뭐야?"

솜몬이 이끈 곳에는 정말 반짝이는 나무가 있었다.

사실 반짝이는 건 나무가 아니라, 나무에 매달린 거울 조각들이었다.

"이런 데 웬 거울이 있지? 죄다 깨져 버렸네. 아까워. 잘 붙이면 더 예쁠 것 같은데."

그란발이 거울 조각을 하나씩 맞추기 시작했다.

마지막 유리 조각까지 다 맞추었을 때는 뉘엿뉘엿 해가 지고 있었다.

"완성! 예쁘다……. 뭔가 새로운 일이 일어날 것만 같아."

그란발은 달이 떠오를 때까지 기다렸지만 거울은 잠잠했다.

"음……, 이건 특별한 거울이 아닌가 봐. 이제 그만 가야겠다. 나무야, 다음에 또 올게."

그란발은 나무에 물 한 동이를 주고 일어섰다.

며칠 뒤, 밤하늘에 보름달이 떴다. 거울나무로 환한 달빛이 스며들었다. 달빛은 거미줄 같은 거울의 금을 스르르 지워 냈다. 금이 사라진 거울나무가 신비롭게 웅웅 울렸고, 거울에서 환한 빛이 일렁이기 시작했다.

- 연결 통로를 찾습니다. -

- 연결할 수 있는 통로가 없습니다. -

- 연결 통로를 다시 찾습니다. -

- 연결할 수 있는 통로가 없습니다. -

- 연결 통로를 다시 찾습니다. -

- 연결할 수 있는 통로를 찾았습니다. -

- 연결을 시도합니다. -

- 연결되었습니다. -

1장

몬섬을 찾은
첫 번째 인간

고요하던 몬섬에 작은 소란이 벌어졌다. 몬섬 북쪽, 출입 금지 지역에서 환한 빛이 반짝였다. 밝은 보름달이 뜨긴 했지만 달빛은 아니었다. 바다를 향해 발걸음을 재촉하던 지우리의 눈에도 이 이상한 현상이 들어왔다.

"지금 바다가 문제가 아니야! 저길 먼저 가야 해!"

지루하기 짝이 없는 몬섬에서 새로운 사건이 벌어지기만을 기다리던 지우리는 서둘러 반짝이는 북쪽으로 향했다. 깨어 있던 다른 몬들도 그곳으로 모였다.

그 순간…….

거울에 물결이 일렁이더니, 발 하나가 튀어나왔다.

　이윽고 얼굴과 몸이 거울을 통과해 나오려고 했다. 몬들은 화들짝 놀라 흩어졌다. 큰 몬들은 바위나 기둥 뒤에 숨었고, 작은 몬들은 덤불이나 풀숲에 납작 엎드렸다. 솜몬들은 이리 후르르 저리 후르르 날아다니다 빛을 끄고 풀 위에 앉았다.
　거울나무에서 튀어나온 건 인간 아이였다. 보라색 머리를 가진 아이는 허리에 뿅망치를 차고, 팔에는 팔찌 모양의 전자 기기를 찼다. 그 뒤를 이어 다른 아이도 나왔다. 진녹색 머리카락을 가진 그 아이 역시 뿅망치와 팔찌를 차고 있었다.
　갑자기 나타난 두 아이는 영문 모를 소리를 떠들어 댔다.

"우리가 비밀 퀘스트를 찾았나 봐. 운이 엄청 좋은걸?"

"잠깐만, 여기 뭔가 이상해. 안내문도 없고 NPC도 안 보이잖아."

몬들은 아이들의 이야기 대부분을 알아들을 수 없었지만, 두 아이는 서로의 이름을 하루와 제나라고 불렀다.

하루가 팔에 찬 전자 기기를 보고 말했다.

"제나야, G패스 확인해 봐. 장소가 물음표로 떠. 고장 났나?"

"내 것도 마찬가지야. 아직 미지의 세계라 그런 거 아닐까? 왠지 여기 특별한 게임이 숨어 있을 것 같은데?"

별안간 하루가 큰 소리를 내질렀다.

인간들이 큰 소리까지 내자 몬들은 더더욱 몸을 움츠렸다.

"왜 대답이 없지? 퀘스트를 어서 확인해야 하는데."

"너는 무조건 퀘스트만 찾더라. 저 보름달 좀 봐. 엄청 예뻐~."

"달 구경은 퀘스트가 아닐걸? 어디나 다 똑같잖아."

하루는 손을 휘휘 내저었다.

"여유 부릴 시간 없어. 난 하루에 딱 두 시간만 골드시티에 접속할 수 있다고. 그러니 시간을 효율적으로 써야 해. 두 시간 안에 퀘스트를 깨는 게 얼마나 어려운 일인지 알아?"

마음 급한 하루와 달리 제나는 여전히 여유로웠다.

"와~, 꽃이 꼭 솜 같아. 복슬복슬 예쁘다."

제나가 풀을 꺾자, 놀란 솜몬이 후르르 날아올랐다.

"어, 움직인다! 벌레 잡기 게임인가? 받아라!"

제나가 뽕망치를 꺼내 휘둘렀다. 뽕, 뽕, 뽕. 뽕망치에 맞은 솜몬들이 깜박깜박 빛을 내며 비틀비틀 도망쳤다.

하루가 짜증스레 말했다.

"방금 맞지 않았어? 왜 안 잡히지? 퀘스트가 이게 아닌가?"

곳곳에 숨은 몬들은 공포로 몸을 부르르 떨었다. 장로님의 말은 하나도 틀리지 않았다. 인간들은 이유 없이 무기를 휘둘렀고, 공격적이었다.

하루와 제나는 조금 더 활동 반경을 넓혀 보기로 했다.

덤불을 지나 숲에 이르렀을 때, 제나가 코를 벌름거렸다.

"무슨 냄새 나지 않아?"

하루도 코를 벌름거렸다.

"복숭아 향 아냐? 혹시 복숭아 따는 게 퀘스트인가?"

"좋아, 얼른 가 보자!"

곧 하루와 제나 앞에 넓은 복숭아밭이 펼쳐졌다. 제나가 얼른 가방을 꺼내 복숭아를 따서 넣었다. 가방은 금세 불룩해졌지만, G패스에는 변화가 없었다.

"엥? 이것도 아닌가 봐. G패스에 아무것도 안 떠."

막 복숭아 따기에 동참하려던 하루가 발길을 쌩 돌렸다.

"그럼 버려. 얼른 다른 거 찾아 보자."

"나 이런 거 처음 먹어 봐! 하루야, 너도 하나 먹어. 완전 이 세상 맛이 아니야~!"

하루는 투덜거리면서도 하나 받아 들었다. 골드시티 안에선 무조건 빨리, 꼭 필요한 행동만 하는 하루였지만, 제나가 건네는 과일에서 풍기는 향긋한 냄새를 거부하기도 어려웠다.

"그래 봤자 복숭아 맛이겠지."

하지만 이번에는 제나의 말에 동의할 수밖에 없었다.

"완전 대박인데? 어차피 갖고 가진 못할 테니, 여기 있는 동안 다 먹어 버리자!"

하루와 제나가 먹고 있는 것은 몬족들의 자랑, 몬숭아였다. 수천 년 전, 인간들이 욕심을 부리다 영원히 맛볼 수 없게 된 바로 그 과일.

아이들이 몬숭아에 푹 빠져 있는 사이, 섬의 반대쪽에 있던 날개족 비비 대장은 뒤늦게 문제를 알아차리고 몬섬 전체에 경보를 울렸다. 더큰발 장로 역시 허둥지둥 거울나무가 반짝이는 곳으로 달려갔다. 이미 모여 있던 몬들이 상황을 설명했다.

"수상한 인간이 들어왔어요."

"두 명이에요."

"망치를 들고 막 휘둘러요. 굉장히 폭력적으로 보여요."

보고를 들은 더큰발 장로의 얼굴이 굳어졌다.

"인간이라니, 큰일이군."

몬들은 하루와 제나의 뒤를 바짝 쫓았다.

퀘스트를 찾아 헤매던 하루와 제나 앞에 이번엔 바위가 가득한 정원이 펼쳐졌다. 하루가 바위에 걸터앉으며 투덜거렸다.

"퀘스트는 안 나오고, 뭐 이래? 만들다가 만 섬인가."

신비로운 비밀 퀘스트를 기념하기 위해 열심히 사진을 찍던 제나에게는 다른 게 눈에 들어왔다.

"하루야, 이 돌들 잘 봐. 그냥 바위가 아니라, 조각이야. 이 조각들 어디에 단서가 있지 않을까? 이렇게 퀘스트가 꽁꽁 숨겨진 걸로 봐선, 찾는 것만으로도 성공인 퀘스트일지도 몰라."

하루와 제나는 그 돌조각들이 모두 쿨쿨병으로 굳어진 몬들이라는 사실은 꿈에도 모른 채 주변을 샅샅이 뒤졌다.
"하루야! 여기 뭔가 있어!"
잠에 빠져 미처 피하지 못한 깜토였다.

잠에서 부스스 깬 깜토가 담요를 잡으려 했다.

"네가 무슨 말 하는지 모르겠어. 내 담요나 내놓으라고!"

"퀘스트부터 내놓으면 돌려준다고."

하지만 제나가 담요를 높이 들고 이리저리 휘두르는 바람에, 손이 닿지 않았다.

그 장면을 숨어서 지켜보던 지우리는 반쯤 감겨 있던 깜토의 눈이 반짝이는 걸 깨달았다. 지우리가 벌떡 일어났다.

다른 몬들도 숨어 있던 걸 잊고 벌떡, 벌떡 일어났다.

"깜토 눈이 어떻게 또렷해졌지?"

갑자기 사방에서 나타나는 몬들을 발견하고 두 아이가 비명을 질렀다.

"꺄아아아악!"

기쁨의 비명이었다.

몬들도 비명을 질렀다. 정체를 들켰다.

"아아아악!"

제나는 얼른 뽕망치를 들고 내려치기 시작했다.

더큰발 장로가 발을 쾅 구르니 지진이라도 난 것처럼 바닥이 덜덜덜 흔들렸다.

제나와 하루가 그 자리에 주저앉았고, 그사이 비비 대장이 바람을 일으켜 뿅망치를 멀리 날려 버렸다. 나무족 지우리가 덩굴을 뻗어 제나와 하루를 꽁꽁 묶어 도망치지 못하게 했다.

더큰발 장로가 무시무시한 얼굴로 제나와 하루를 위협했다.

내내 졸기만 하던 깜토가 인간들이 말을 걸자마자 눈을 뜨다니, 분명 인간들의 출현이 쿨쿨병의 비밀과 관련이 있는 것 같았다.

하지만 장로의 으름장에도 제나와 하루는 눈썹 하나 까딱하지 않았다. 하루가 짜증을 내며 말했다.

몬 원정대 결성!

제나와 하루는 가상 세계인 골드시티 속 친구였다. 둘 다 초등학생의 모습이었고 늘 비슷한 시간대에 접속했고, 게다가 취향마저 비슷해서 자주 마주치다, 어느새 종종 함께 모험을 다니게 되었다.

하지만 이렇게 우연히 자주 만나서 친해지기엔 두 사람 사이에 아주 큰 차이가 있었다. MBTI 성향으로 봤을 때 하루가 완벽히 J라면 제나는 정반대인 P라고나 할까? 그래서 하루가 새로운 모험 앞에서 고민하고 망설이는 사이, 제나는 늘 시작 버튼을 누르고 말았다. 오늘처럼.

아무런 정보도 없이 나뭇잎에 가려져 있던 미지의 포털에 들어왔다가, 이 이상한 생명체들에게 둘러싸여 포로 신세가 되고 만 것이다.

하루가 망연자실한 채 말했다.

"거봐, 여기 수상하다고 했잖아……."

"미안……."

제나가 바로 사과했지만, 이미 괴생명체들에게 붙잡힌 건 어쩔 수 없었다. 위험 상황이 되었을 때 적당한 타이밍에 로그아웃만 해도 아무 문제가 없었을 텐데 로그아웃이 안 되는 버그라니, 어쨌든 정신 바짝 차려야 이 위기에서 벗어날 수 있을 터였다.

"그란발, 네가 다른 몬들을 위험에 빠트렸구나. 이곳엔 왜 들어왔느냐?"

더큰발 장로의 호통에 그란발의 어깨가 축 늘어졌다.

"전 그냥 깜토의 쿨쿨병을 고쳐 주고 싶어서……. 뭐든 닥치는 대로 해 보려고요……. 깜토마저 돌이 되어 버리면 어떡해요……."

이 모든 상황에 너무 놀란 그란발의 눈에 눈물이 그렁그렁했다. 깜토가 그런 그란발에게 달려가 폭 안겼다.

"장로님, 저도 오랫동안 쿨쿨병의 약을 찾고 있었어요. 하지만 몬섬의 어떤 약초도 통하지 않았죠. 그런데 거울나무를 통해 들어온 저 인간 아이들은 단박에 깜토의 잠을 깨웠어요. 어떻게 한 건지 먼저 얘기를 좀 들어 보는 게 좋을 것 같아요."

지우리의 논리적인 설명에 몬들도 고개를 끄덕거렸다.

더큰발 장로가 제나와 하루를 보았다.

"좋다. 너희가 깜토를 깨운 게 맞다면, 다른 몬들도 깨울 수 있겠지. 여기 돌이 된 몬터를 깨운다면 너희를 원래 세계로 돌아가게 해 주겠다."

그제야 지우리가 제나와 하루를 묶었던 덩굴을 거두었다.

몬터는 꿈쩍도 하지 않았다. 몬들이 실망하며 내는 탄식 소리가 여기저기서 들렸다.

"역시 저 아이들이 한 게 아니야. 거울을 부수게 비켜라."

지우리가 다시 한번 장로를 막아섰다.

"잠시만요! 인간들이 깜토를 깨웠으니, 인간들에게 뭔가 특별한 게 있는 건 분명해요. 우리가 인간 세상에 가 봐야 해요."

더큰발 장로가 고개를 저었다.

"지우리, 우리가 왜 몬숲을 떠어 바다로 나왔는지 잊었느냐? 인간 세상으로 갔다가 무슨 일을 당할지 모른다고 누누이 얘기했거늘……."

그 말을 듣던 하루가 끼어들었다.

"잠깐만. 자꾸 인간 세상, 인간 세상 하는데, 우리가 온 곳은 진짜 인간들이 사는 세상이 아니야. 현실에 없는 메타버스 가상 공간인 골드시티라고."

더큰발 장로가 노란색 젤리같이 생긴 말랑몬을 하루와 제나의 머리에 얹으며 말했다.

"그게 무슨 말이지?"

"말 그대로. 진짜 인간들이 아니라, 인간의 분신, 아바타만 있는 공간이야."

하루는 메타버스 플랫폼 골드시티에 대해 설명했다. 그러자 하루의 머리에 앉은 말랑몬의 색이 초록으로 변했다.

말랑몬은 몸에 닿은 누군가가 거짓말을 하면 빨갛게 변하고, 진실을 말하면 초록으로 변했다.

하루는 멀뚱멀뚱 듣는 몬들에게 하나부터 열까지 열심히 설명했다. 몬들이 이해할 때까지 반복해서 알려 줬다.

처음으로 가상 세계를 알게 된 몬들이 술렁였다. 수천 년을 살면서 온갖 경험을 한 더큰발 장로도 놀라워했다.

"그럼 너희는 진짜 인간이 아니라는 거냐?"

제나가 대답했다.

"맞아. 이 몸은 진짜 내가 아니라 아바타야."

제나의 머리 위에 있는 말랑몬 역시 초록색이었다. 제나의 말도 거짓이 아니었다.

몬들의 술렁거림이 커졌다.

비비 대장이 턱을 쓰다듬었다.

"정말 신기한 일이군. 하지만 아무리 가상 세계라도 인간들이 만든 곳. 거기 있는 인간의 분신들은 우리 몬족을 이상하게 볼 거다."

그란발은 더큰발 장로가 엄하게 혼낼 걸 각오하고 눈을 질끈 감았다. 그런데 아무리 기다려도 호통이 떨어지지 않았다. 그란발이 눈을 살며시 뜨자, 더큰발 장로가 그란발의 어깨를 가볍게 두드렸다.

"이렇게 속이 깊었다니. 새로운 세상으로 나가면 어려운 일, 힘든 일이 많을 거다. 그래도 할 거나?"

"네!"

그란발과 깜토, 지우리가 씩씩하게 외쳤다.

그리고 원정대의 대장은 날개족 비비가 맡기로 하였다. 더큰발 장로는 비비 대장에게 메아리 공책을 주며 당부했다.

"틈이 나는 대로 여기에 인간 세상에서 겪은 일들을 써 주시오. 내가 가진 이 공책에도 같은 내용이 전달될 테니, 그곳의 일을 우리도 알 수 있게 되겠지."

몬들이 환호성을 지르며 몬 원정대를 응원했다.

제나가 손을 들었다.

"그럼……, 우리는 이제 가도 되는 거지?"

지우리가 가방에서 주머니 하나를 꺼냈다. 망실환이라고 쓰여 있는 주머니였다.

"장로님, 인간들에게 이걸 쓰면 어떨까요?"

망실환은 기억을 지우는 약이었다. 먹으면 잠이 들고, 몇 시간 동안의 기억이 사라졌다.

더큰발 장로가 고개를 끄덕였다. 지우리가 제나와 하루에게 사탕처럼 생긴 빨간 알약을 주며 말했다.

"이걸 먹으면 골드시티로 데려다줄게."

제나와 하루는 잠시 망설였지만, 어쨌든 저 거울이 깨져서 포털 이동도 로그아웃도 안 되는 상황보다는, 이들의 말을 듣는 게 나을 것 같았다.

"좋아."

제나와 하루가 크게 심호흡을 하고 지우리가 내미는 알약을 받아 삼키자, 곧 그 자리에 쓰러졌다.

"어서 떠나거라. 곧 거울문이 닫힐 거야. 거울문은 보름달이 뜨는 날에만 열린다는 걸 명심하고."

더큰발 장로가 주의 사항을 일러 주며 원정대의 발길을 재촉했다.

비비 대장과 지우리, 깜토가 차례차례 거울문으로 들어갔고, 마지막으로 그란발이 두 아이를 옆구리에 끼고 거울 너머로 사라졌다.

원정대가 거울문을 통과하자마자 창 하나가 떠올랐다.

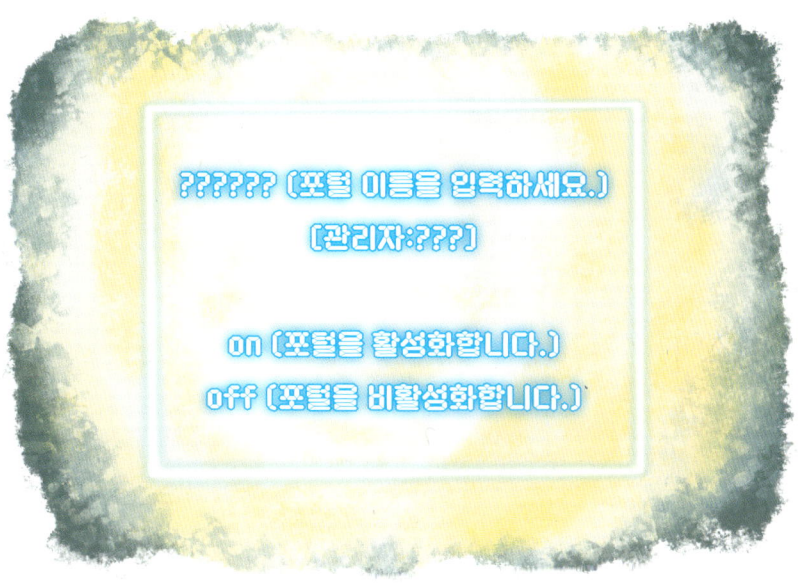

"이게 뭐지? 이름을 넣으라는데? 몬섬 말인가?"

"활성화? 비활성화? 이건 또 뭐래?"

대장인 비비가 서툰 실력으로 빈칸에 문자를 입력했다.

"포털 이름은 몬…섬, 관리자는 비비. 음, 그리고……."

마지막으로 '비활성화' 버튼을 꾹 눌렀다. 하루와 제나처럼 우연히라도 몬섬에 인간이 들어오면 안 되니까.

(포털이 비활성화되었습니다.)

골드시티에서의 첫 밤이 시작되었다.

3장
우당탕탕 골드시티 입성기

골드시티에 들어온 몬들은 눈을 끔벅였다. 가상 세계라며 거창하게 설명하기에 특별한 풍경을 기대했는데, 보이는 거라곤 나무와 풀뿐이었다.

비비와 그란발이 정찰을 떠난 사이, 망실환을 먹고 잠들었던 아이들이 부스스 눈을 떴다.

하루가 기지개를 켜며 말했다.

"하암, 내가 여기서 뭘 하고 있었지?"

제나가 눈을 비볐다.

"동쪽 숲에 왔다가……, 우리 어디 들어가지 않았나? 아닌가? 그냥 잠들었었나? 아, 모르겠다. 머리가 뿌얘."

하루는 제대로 인사도 하지 않고 순식간에 사라졌다.

"대체 몇 시인데 저래?"

제나는 통나무에 걸터앉아 손가락으로 G패스를 두드렸다.

"벌써 아홉 시네. 아무것도 안 했는데 두 시간이 흘렀다고? 내 가방은 왜 나와 있지? 안에 복숭아는 뭐야?"

제나가 G패스를 눌렀다. 그러자 가방이 사라지고 복숭아가 바닥으로 떨어졌다.

"이건 왜 인벤토리에 안 들어가는 거야?"

몬섬에서의 기억이 싹 사라져 버린 제나는 그게 엄청 맛있는 과일이라는 사실도, G패스에 저장되지 않는 진짜 과일이라는 사실도 알 수 없었다.

"아, 몰라. 그냥 버리고 가야겠다."

그 순간, 수풀에 숨어 있던 지우리가 제나 앞을 가로막았다.

"잠깐, 인간."

제나는 지우리의 질문에는 대답하지 않고 지우리의 얼굴만 이리저리 뜯어보았다. 지우리가 다시 물었다.

"그게 뭐냐고. 몬숭아를 왜 버리냐고?"

제나의 대답은 동문서답이었다.

"아……, 너 설마 오늘 처음 접속한 거야? 그러고 보니, 아직 G패스도 안 챘네?"

지우리는 여전히 대답을 기다리며 버티고 서 있었다.

"너처럼 튜토리얼도 안 해 보고 온 애들이 꼭 이렇게 그냥 돌아다니더라. 그러다 재미없다고 금방 골드시티를 떠나기 일쑤고 말이야. 이건 G패스라는 거야. 네가 골드시티에서 한 활동을 기록하는 장치지. 뭐, 때로는 시계도 되고 지도도 되니까, 이것만 있으면 골드시티에서 발생하는 퀘스트들을 가장 빠르게 알아내서 수행할 수 있다고."

지우리의 입이 떡 벌어졌다.

"그 작은 걸로 할 수 있는 게 그렇게 많아? 요술 주머니 같은 거야?"

"요술 주머니? 맞아."

제나가 킥킥 웃다가 손뼉을 탁 쳤다.

"너 골드시티에 대해 잘 모르지? 나한테 골드시티 안내 봇이 있거든? 이벤트로 받은 거지만 공짜는 안 되고, 싸게 줄게. 1골드 어때?"

"1골드라니?"

"골드시티에서 쓰는 돈도 몰라? 골드시티에 접속하면 날마다 1골드가 생겨. 찾아봐."

지우리가 여기저기 뒤적이더니, 배낭 안에서 은색 동전 하나를 찾아냈다.
"이거 말이야?"
"맞아. 그거랑 내 안내 봇이랑 교환해 줄게."
그 말에 숨어 있던 깜토가 놀라 수풀에서 튀어나왔다.

골드시티는 인간 세상의 축소판 같은 곳이었다. 사람들은 매일 필요한 걸 사고팔았다. 이때 필요한 게 바로 골드시티의 화폐인 골드. 그런데 좋은 조건의 거래를 거절하다니……. 하지만 이건 제나가 강요할 일은 아니었다.

"싫으면 사지 마!"

초보들을 도와줄 생각으로 거래를 제안했던 제나는 혀를 쏙 내밀고 로그아웃해 버렸다.

"일방적이군. 아직 대화를 마치지도 않았는데 사라져 버렸다. 인간들은 이해하기 어려워."

때마침 비비 대장과 그란발이 정찰을 마치고 돌아왔다.

그란발이 숨도 쉬지 않고 소감을 전했다.

"여긴 진짜 엄청나! 어딜 둘러봐도 반짝이고 화려해. 밤하늘에 별이 수만 개나 떠 있는 것처럼 예쁘다고."

평소에 침착한 비비 대장의 눈빛도 흥분으로 반짝였다. 자연 그대로의 모습으로 살아가는 몬들에게 골드시티는 어디나 모두 새로웠다.

지우리는 방금 전의 황당한 일보다 둘의 경험이 더 궁금해졌다.

"대체 어떤데 그래? 뭘 보고 온 거야?"

"말로 설명하는 건 어려워. 같이 가서 보자."

비비 대장이 몬들을 이끌고 숲을 나왔다. 그란발, 지우리, 깜토의 앞에 골드시티가 화려한 모습을 드러냈다.

몬들의 눈앞에는 골드시티가 반짝이고 있었다. 달빛 아래 달빛보다 환하게 빛나는 곳. 건물마다 창에 환한 불이 켜져 있었고, 크고 작은 간판은 색색으로 빛났다. 광장 입구에는 시원하게 물이 솟는 분수대가 있었고, 그 뒤에는 아름다운 시계탑이 있었다. 광장에는 기기묘묘한 차림의 수많은 아바타들이 가득했다. 길을 걷는 아바타들 사이로 바퀴 없는 킥보드를 탄 분신들이 씽씽 지나쳐 갔다.

우아~, 이게 다 뭐야?!

"여기 있는 게 다 인간의 아바타인 건가?"

그란발과 깜토는 얼이 빠진 채 이리저리 두리번거렸다. 누가 봐도 골드시티에 처음 온 티가 팍 나는 얼굴이었다.

그때 파란 머리 아바타가 킥보드를 타고 몬 원정대 옆을 순식간에 스치듯 지나쳤다.

"촌뜨기들, 처음 왔나 봐? 그렇게 넋 놓고 있다 코 베인다~."

어느새 파란 머리 손에 지우리의 배낭이 쥐어 있었다. 옆에 있던 그란발이 재빨리 가까이 있는 킥보드에 올라탔다.

'이걸 타면 엄청 빨리 달릴 수 있는 거지? 나도 이걸로 쫓아가야지.'

사실 아까부터 킥보드를 타 보고 싶기도 했다. 그런데…….

"엥? 왜 안 움직여?"

킥보드는 꿈쩍도 않은 채 경보음만 삑삑 울렸다. 그란발은 그 소리가 킥보드를 이용하려면 10분당 1골드를 먼저 결제하라는 메시지인 걸 몰랐다.

몬들이 당황한 사이 파란 머리는 멀리까지 도망쳤다. 비비 대장이 하늘로 날아오르며 외쳤다.

"내가 쫓아갈게. 너희는 내가 알려 주는 방향으로 가!"

파란 머리가 분수대를 지나 넓적한 건물 왼쪽으로 돌았다.

비비의 지시에 따라 그란발과 지우리가 건물 양쪽으로 돌아 들어갔다. 두 몬이 동시에 파란 머리의 앞을 막아섰다.

몬들이 협동 작전을 펼친 덕분에 파란 머리는 곧 붙잡혔다. 다행히 배낭 속에 든 메아리 공책과 약통도 무사했다.

"남의 물건에 손을 대다니, 본때를 보여 줘야겠군."

지우리가 덩굴을 길게 늘어뜨려 파란 머리를 묶자, 때마침 도착한 비비 대장이 나무 꼭대기에 매달아 버렸다.

"으악, 놔줘!"

"남의 것을 탐내는 녀석은 혼이 나야 해."

가상 세계에서 몬족은 첫 번째 작은 승리를 거두었다.

"그런데……, 깜토는?"

승리의 기쁨을 함께 누려야 할 깜토가 보이지 않았다.

"어디서 졸고 있는 거 아냐?"

"어디 그림자에 숨었나? 주변을 잘 살펴봐!"

"아까 출발한 곳까지 다시 돌아가 보자!"

파란 머리를 나무에 매달아 둔 채, 세 몬은 자리를 박차고 달렸다.

다른 몬들이 파란 머리를 쫓아간 사이, 깜토는 핫도그 가게 앞에 있었다. 그란발과 지우리가 그림자 속에 숨어 있는 깜토를 발견하고 달려왔다.

"깜토, 괜찮아?"

"잠들어 버린 줄 알았잖아."

깜토가 1골드를 든 채 우물쭈물 말했다.

"저걸 먹고 싶은데, 내 1골드를 줘야 한대. 그래도 될까?"

그란발이 핫도그를 보았다. 노릇노릇 튀겨진 핫도그에서 고소한 냄새가 풍겨 왔다.

"그럼 한번 해 보자."

"뭐?"

"우린 인간 세상을 배우러 왔잖아. 인간들이 하는 거라면, 우리도 해 보는 게 맞는 거 아니겠어?"

"그란발, 좋은 생각 같아!"

핫도그를 먹을 생각에 깜토의 얼굴이 금세 환해졌다.

지우리가 그런 둘을 보며 혀를 찼다.

"입에 침은 닦고 말해. 그렇게 먹고 싶어?"

그란발과 깜토가 열렬히 고개를 끄덕였다.

"그래, 해 보자."

몬들은 각자 1골드를 꺼내 핫도그와 교환했다.

몬으로 태어나 처음으로 먹은 핫도그는 맛있었다. 빵 겉면은 바삭바삭하고 안쪽은 부드러웠다. 막대에 끼워진 소시지가 뽀드득 씹히며 입 안에서 부서졌다. 소시지와 빵이 입 안에서 뒤섞여 내는 맛은 뭐라 얘기할 수 없을 만큼 훌륭했다.

"이런 맛은 처음이야. 인간들의 음식은 엄청 맛있잖아!"

그란발이 얼굴 가득 행복한 미소를 지으며 말했다.

"그러게. 이렇게 맛있는 음식이 있는데 왜 몬숭아를 탐냈던 걸까?"

지우리도 턱을 괴며 한마디 덧붙였다.

"내 생각엔, 인간들은 그냥 욕심이 많은 걸지도 몰라. 그래서 아까 지우리의 가방도 막 훔쳐 가려고 했잖아."

비비 대장이 그럴 듯한 추리를 내놓았다.

"대장 말이 맞아!"

맛있는 핫도그를 음미하느라 눈이 초승달처럼 작아졌던 깜토의 눈이 다시 커졌다.

"인간들이 몬섬에 왔을 때도 내 담요를 뺏으려고 했잖아. 정말 인간들은 욕심쟁이가 아닐까?"

생각이 꼬리에 꼬리를 물고 이어졌다.

그 순간, 그란발은 아주 중요한 사실을 깨달았다.

"큰일 났다! 우리 오늘 하루 종일 다른 걸 먹을 수 없다는 거 알아? 오늘 생긴 골드를 다 써 버렸잖아."

"으악! 정말이네? 어쩌지?"

"몬숭아! 제나가 두고 간 몬숭아가 있어!"

몬들은 서둘러 처음 도착했던 장소로 달렸다. 욕심 많은 인간들이 몬숭아를 다 가져가 버리면 진짜 큰일이었다.

진짜 궁금하지 않아?
깜토는 왜 쿨쿨병에서 깨어났을까?

나도 신기해.
맨날 졸리다고만 했었잖아.

나도 신기하긴 마찬가지.
인간 세상이 너무 신기해서 그런가?

깜토,
잠이 확 깬 순간 기억해?
인간 애들 때문이었잖아.
갑자기 왜 그랬어?

흠… 아… 오…!!

왜? 먼데?

 제나가 내 담요를 가져가려고 하니까 그냥 확 눈이 떠지던데?

 뭐? 그래서 잠이 깼다고?

 그건 너무 이상한 이유 아니야?

 하지만 정말인걸? 나 졸릴 때마다 담요 꼭 끌어안고 있는 거 알지? 누군가 그걸 뺏을 거라고는 한 번도 생각해 보지 않았거든.

 그럼 지금은? 아무도 너한테서 뭘 뺏지 않잖아.

 지금은… 그냥 너무너무 재미있어! 뭐가 더 있을지 흥분되고!

 그럼… 몬섬의 몬들이 지루하고 심심해서 쿨쿨병에 걸린다는 거야?

 설마… 진짜…?!

게임1 숨은그림찾기

몬숭아를 찾아라!

제나가 두고 간 몬숭아를 찾으려고 몬 원정대가 숲을 뒤지고 있어요!
그런데 나뭇잎과 꽃들에 가려 잘 보이지 않나 봐요.
친구들이 몬숭아를 함께 찾아 주세요~! (모두 10개)

★ 정답은 152쪽에서 확인해 보세요. ★

4장
벼룩시장의 검은 손!

비비 대장과 몬들은 가방에 몬숭아를 소중히 넣고 다시 인간 세상을 탐험하러 나섰다. 처음 이곳에 도착했을 때 펼쳐졌던 화려한 도시의 모습이 눈에 가까이 들어왔다.

가장 먼저 만난 건물은 신발 가게였다. 안에는 디자인도 사이즈도 다양한 신발이 놓여 있었다.

"이 집에 사는 사람은 신발 만드는 걸 정말 좋아하나 보군."

비비 대장이 말했다.

"그러게. 취향도 다양해. 세상에 있는 모든 종류의 신발을 만들어 신고 다니는 인간인가 봐."

깜토도 신기한 듯 두리번거렸다.

"엄청 부지런한 인간일 거야. 다 신고 다니지도 못할 만큼의 신발을 만드는 걸 보면 말이야."

지우리도 자신의 분석 결과를 내놓았다.

몬들이 가게 안으로 들어가지 않고 밖에서 서성이자, 신발 가게 주인이 문 밖으로 나와 이들에게 인사했다.

"들어와서 구경하세요, 손님."

"아, 들어가서 봐도 되나?"

그란발이 물었다.

"물론이죠. 들어와서 구경하고 신어 보세요."

신발 가게의 부지런한 주인은 친절하기까지 했다.

 신발 가게 사장의 말에 몬들은 크게 놀랐다. 신발 가게 사장의 입장에서는 너무나 당연한 상황을 여러 차례 되묻는 몬들이 되레 이상했다.

 "잘 모르는 것 같은데, 여긴 현실과 똑같아요. 가상 세계라고 해서 뭘 막 공짜로 주거나 하는 곳은 없다고요. 아, 하루에 1골드씩 접속 보상을 받긴 하죠. 하지만 그것만으로는 아무것도 할 수가 없잖아요. 그럼 재미도 없고요."

재미를 위해서 물건을 사고판다고? 몬들은 이해할 수 없는 말들이 이어졌다.

"물론 재미만을 위해 하는 건 아니지만요. 어떤 사람들은 골드시티에서 모은 골드를 진짜 돈으로 교환하기도 하거든요. 여기에서 유명해져서 진짜 스타가 될 수도 있고요. 그럼 진짜로 부자가 될 수도 있는 거죠!"

"아, 그렇군요……. 그럼 저희는 신발을 다음에 사도 될까요? 지금은 골드가 없거든요."

지우리가 조심히 비비와 깜토의 팔을 잡으며 말했다.

"물론입니다! 언제든 신발이 필요할 때 꼭 찾아 주세요."

신발 가게 주인은 이상한 손님들을 문밖까지 배웅했다.

"비비 대장, 난 그림자가 많은 골목을 가 보고 싶어."

깜토가 비비의 팔을 잡으며 말했다.

"그래? 그럼 둘씩 흩어져서 다녀 볼까?"

비비 대장은 깜토를 혼자 보내는 것이 불안했다. 이 인간 세상이 얼마나 위험한지 아직 파악을 끝내지 못했으니까.

"혼자 다니는 게 좋아. 난 그림자족이잖아."

깜토는 몬족 중에서도 희귀한 그림자족이었다. 그림자만 있다면 어디서든 자신의 몸을 숨길 수 있었다. 어쩌면 인간들의 눈을 피해 가장 안전히 다닐 수 있는 건 깜토이기도 했다.

"아, 그렇지. 알았어. 하지만 조심해야 돼."

비비 대장은 신신당부를 하고서야 깜토를 홀로 보내 주었다.

"저 시계탑이 11시를 알리면 다시 여기 모이도록 하자."

"좋아!"

깜토는 냉큼 답하고서 그림자 속으로 사라졌다.

"깜토가 원래 저렇게 빨랐나?"

쿨쿨병에 걸린 깜토를 내내 업고 다녔던 그란발은 깜토가 생기 있어진 것만으로도 기쁘고 신이 났다.

"다행이지 뭐. 깜토는 인간들을 만난 뒤 진짜 확 바뀌었어."

어떤 약초로도 깜토 깨우기에 성공하지 못했던 지우리가 덧붙였다.

혼자가 된 깜토는 소리 내지 않고 건물 그림자 속을 살금살금 걸어갔다. 골목을 지나는 아바타들은 깜토가 옆에 있는 걸 눈치채지 못하고 발랄하게 떠들었다.

그들은 내일 있을 골드시티 장미 축제에 대한 기대로 술렁이고 있었다.

깜토는 아바타들을 신기한 눈으로 보았다.

'이곳의 아바타들은 늘 뭔가를 하고 싶어 하는 것 같아. 무얼 할지 기대하고, 다음 날을 기다려.'

가상 세계인 골드시티는 몬섬처럼 평화롭지도, 고요하지도 않았다. 대신 어딜 가나 시끌벅적하고 활기가 넘쳤다. 길을 걷다 보니 깜토는 어느새 '벼룩시장 골목' 앞에 서 있었다.

깜토가 지나가는 아바타에게 물었다.

"여기는 뭐 하는 곳이에요?"

"벼룩시장 몰라요?"

아바타가 입구에 있는 간판을 가리키며 말했다.

"여긴 자기한테 필요 없는 물건을 내놓는 시장이에요. 잘하면 좋은 물건을 건질 수 있어요."

깜토의 귀에 '필요 없는 물건'이 콕 꽂혔다.

'필요 없는 물건이니까 골드를 달라고 하지 않겠지?'

깜토의 얼굴에 웃음이 피었다. 몬섬에도 이와 비슷한 것이 있었다. 뭐든 자기한테 필요 없는 물건을 집 밖에 놔두면, 필요한 몬들이 자유롭게 물건을 가져가 썼다.

'나도 인간들처럼 꾸며 봐야지.'

깜토는 '필요 없는 물건'이 가득한 벼룩시장 골목을 걸었다. 골목 그림자 사이에 스며들어 누구의 눈에도 띄지 않게. 시장에는 신기한 물건들이 가득했다. 깜토는 다른 아바타들이 걸친 것들을 보며, 비슷한 것들을 손에 넣었다.

벼룩시장 골목의 끝에 다다랐을 즈음, 깜토의 옷차림은 몬 섬에서는 볼 수 없던 장신구들로 몰라보게 화려해져 있었다.

골목을 나온 깜토는 분수대 앞에서 몬들을 기다렸다. 비비 대장과 그란발, 지우리가 깜토를 발견하고 깜짝 놀랐다.

"깜토야, 너 왜 이렇게 바뀌었어? 어떻게 된 거야?"

그란발이 묻자 깜토가 으쓱거리며 대답했다.

"저기 벼룩시장이 있어. 필요 없는 물건을 내놓는 곳이래."

"그런 데가 있어?"

"너네도 가 볼래? 정말 재밌어."

깜토는 신이 나서 다른 몬들을 이끌고 벼룩시장 골목으로 돌아왔다. 그런데 잠깐 사이 벼룩시장 분위기가 흉흉해져 있었다.

깜토는 당황했다. 얼굴 가득 분노를 담고 있는 아바타들이 도둑맞았다고 말하는 물건은 바로 조금 전에 깜토가 '필요 없는 물건'이어서 가져온 것들이었다.

'도둑? 필요 없는 물건이라며…….'

몬섬에는 도둑이 없었지만 더큰발 장로님이 해 주시던 못된 인간들 이야기 속에 남의 물건을 훔쳐 가는 도둑 이야기도 있었다. 그런데 내가 지금 그런 못된 인간이라고?

그란발이 놀라서 동그래진 눈으로 깜토를 보았다.

"깜토야, 네가 도둑이야?"

지우리가 혀를 찼다.

"깜토 너, 몬섬에서 하듯이 그냥 집어 왔지?"

깜토는 억울했다.

"저기 있는 건 다 자기한테 필요 없는 물건이랬어……."

비비 대장이 한숨을 쉬었다.

"인간은 우리와 달라. 우리는 필요 없는 건 그냥 주지만, 저들은 뭐든지 골드로 교환해야만 주는 것 같아."

깜토는 얼굴이 뜨거워졌다.

"하지만 난 골드가 없는걸. 얼른 가서 돌려놓고 올게."

깜토가 몸을 돌려 그림자 속으로 뛰어들었다. 깜토는 그림자 위를 달리며 가져온 것들을 제자리에 되돌렸다.

반짝이는 반지를 휙.

세련된 점퍼를 휙.

화려한 선글라스와 노란 운동화를 휙.

선글라스 주인과 운동화 주인이 동시에 소리쳤다.

"내 선글라스가 왜 거기 있어? 네가 가져간 거였어?"

"내 운동화는 왜 거기 있어? 너야말로 남의 물건에 손을 대고는 뻔뻔하기 짝이 없군!"

아바타들은 더 시끄러워졌다. 깜토는 그림자 속에 숨어 울먹였다.

"이번에도 실수했나 봐. 이제 어쩌지?"

비비 대장이 깜토를 달랬다.

"어쩔 수 없잖아. 일단 여기를 떠나는 게 좋겠다."

몬들이 조심조심 벼룩시장을 떠났다. 그러면서 그란발은 조심히 큰 발을 쿵 울려 땅을 흔들었다. 그 바람에 매대가 흔들리며 깜토가 아무렇게나 돌려놓았던 물건들이 우르르 쏟아졌다.

깜토, 괜찮아? 놀랐지?

어, 내가 정말 큰 실수를 한 것 같아. 인간 세상에선 조심해야 하는 게 정말 많구나.

그나저나 인간 세상엔 물건이 정말 많네. 다들 다 쓰지 못할 만큼의 물건을 만들어서 다른 사람에게 팔고. 벼룩시장도 결국은 쓰고 남은 걸 나눠 주는 게 아니라, 너무 많아서 안 쓰는 걸 판매하는 거잖아.

그래서 인간들이 골드를 쓰는 것 같아. 골드를 주고 필요한 걸 사고 물건을 팔아서 골드를 벌 수 있으니, 저렇게 필요하지 않아도 많은 물건을 만드는 거지.

우아~, 지우리 역시 똑똑!

 정말 그렇네. 5천 년 전의 인간들도 몬숲에 와서 몬숭아와 물건들을 바꾸어 갔다고 했으니, 인간들이 이렇게 물건을 서로 교환하는 일은 아주 오래전부터 있었을 거야.

지금도 인간들이 몬숭아를 갖고 싶어 할까?

 글쎄? 지금도 좋아하지 않을까? 몬숭아는 정말 엄청나게 맛있잖아.

그럼 나중에 쿨쿨병 약을 찾으면 몬숭아랑 바꾸자고 할까?

 오, 그것도 좋은 방법이야.

그럼 혹시 모르니, 몬숭아를 잘 숨겨 두자. 들고 다니다가 잃어버리면 안 되잖아.

 그 전에 나 하나 더 먹을래. (츄릅츄릅)

딱 하나만이야. 나중에 진짜 필요하게 될지도 모르니까 아껴 둬야겠어.

이기자 리포트 1
돈에 대한 생각

오늘 골드시티에는 돈의 개념을 모르는 신기한 친구들이 접속했군요. 무엇이든 쉽고 명확하게 설명하는 저, **이 기자**가 이 친구들에게 '돈'에 대해 설명을 좀 해 줘야겠습니다.

돈은 남을 도와줬다는 기록

아주 오랜 옛날부터 사람들은 서로를 도우며 살았습니다. 나무 열매나 사냥한 고기를 나눠 먹기도 했죠. 왜 그랬을까요? 남을 돕는 게 그냥 기분 좋은 일이라서요? 아니에요. 내가 친구에게 열매를 주면 친구도 언젠가 조개를 캐서 나에게 나눠 줄 것이라는 사실을 믿기 때문에 그런 거죠. 몇 월 며칠에 누구에게 열매를 줬다고 따로 기록해 놓지는 않더라도, 서로의 마음속에는 그렇게 도움을 주고받은 기억이 남아서 도움을 받은 사람은 무언가로 꼭 갚아야 했어요.

이 약속은 지키지 않으면 안 돼요. 만약 어떤 사람이 늘 도움을 받기만 하고 갚지는 않는다면, 얼마 안 가서 그 누구도 그 사람에게 도움을 주지 않게 될 테니까요.

돈이라는 게 아직 세상에 나타나지 않았을 때도 부자와 가난한 사람은 있었습니다. 어떤 사람이 부자였냐고요?
바로 평소에 남을 많이 도와줘서 누구나 그 사람을 보면 '나도 빨리 저 사람을 도와줘서 내가 받은 도움을 갚아야 하는데.'라고 생각하게 하는 사람이죠. 그런 사람이라면 어디를 가더라도 좋은 대접을 받고 사람들의 도움을 받을 수 있었을 겁니다.

반대로 이런 사회에서 가장 가난한 사람은 누구였을까요? 평소에 친구들을 돕거나 친구들에게 필요한 일을 잘해 주지 않은 사람이에요. 아무도 그에게 뭘 해 주려고 하지 않으니 어디를 가든 외롭고 어디를 가든 외톨이인 사람 말이에요.

돈이 등장한 이유

아주 옛날엔 돈이 그다지 필요하지 않았어요. 어차피 매일 보는 사이이니, 도움을 받으면 기억해 뒀다가 나중에 갚으면 되지, 따로 기록하거나 주고받을 이유는 없었거든요.

그러다 인구가 점점 늘면서, 처음 보는 사람을 만나거나 오늘 만난 사람을 앞으로 다시는 못 보게 되는 일이 자주 생겼습니다. 이제는 누군가가 감자를 한 개 달라고 하면 감자 주인은 그 자리에서 감자 한 개와 맞먹는 가치를 가진 무언가를 받아 내야 했어요. 그 사람이 걸친 옷이든 신발이든 뭐든 당장 받지 않으면 언제 그 사람을 다시 보게 될지 모르니까요.

그런데 감자가 필요한 사람이 가진 게 신발 한 켤레뿐이라면, 저녁에 먹을 사과 두 개가 필요한 감자 주인은 감자 한 개와 신발 한 켤레를 바꾸지는 않을 거거든요. 사과 두 개를 갖고 있으면서 신발 한 켤레가 필요한 누군가를 찾으면 모르지만, 그런 사람을 저녁때까지 찾는다는 보장이 없으니까요.

이때 나타난 게 돈이에요. 감자 한 개를 원하는 사람은 감자 한 개의 가격인 2천 원을 주고 감자를 살 수 있게 됐어요.

감자를 판 사람이 받은 2천 원의 의미는 이런 거죠. '이 사람은 누군가에게 2천 원 가치가 있는 도움(감자)을 줬으니, 2천 원 가치가 있는 도움을 받을 권리가 있다.' 감자를 판 사람은 그렇게 받은 2천 원을 들고 과일 가게로 가서 사과를 사면 되겠죠?

돈은 헌혈증 같은 것

좀 복잡하지만, 한마디로 돈은 내가 누군가에게 도움이 되는 일을 하고 받은 기록, 또는 그런 기록이 적힌 쪽지라고 할 수 있어요.

몸이 아픈 사람들을 위해 헌혈을 하면 헌혈증을 주죠. 헌혈증을 갖고 있으면 나중에 몸이 아파 수혈이 필요해졌을 때 거기 적힌 만큼의 혈액을 받을 수 있고요.

그것과 똑같이, 만 원짜리 지폐는 누군가에게 만 원의 가치가 있는 일을 해 주거나 그만한 가치가 있는 뭔가를 주고서 받은 증표인 거죠. 그러니 그 만 원짜리 지폐가 있으면 어디서든 만 원의 가치를 가진 뭔가를 살 수 있어요.

내가 만 원을 주고 산 물건은 내가 과거에 누군가에게 해 준 만 원 가치의 그 일에 대한 보답인 셈이죠.

그러니 돈이 많은 부자는 과거에 사람들에게 가치가 있는 걸 아주 많이 제공했던 사람인 거예요. 돈은 남을 도와줬다는 증거이자 기록이니까요.

돈이 먼저일까? 거래가 먼저일까?

돈이 태어난 배경에 대해서는 아직 논쟁이 끝나지 않았습니다. 돈이 먼저 생기고 나서 사람들이 거래를 시작하게 된 것인지, 아니면 사람들이 거래를 먼저 하다가 불편해서 돈이라는 걸 만들어 쓰게 된 것인지 아직 정확히 모른다는 거예요.

일반적으로는 거래가 먼저 생기고 돈이 나중에 나타났다는 이야기가 좀 더 설득력이 있긴 해요. 5천 년 전 인간들이 몬숲의 몬숭아를 얻기 위해 다양한 물건들을 가져와 바꾸었던 것처럼, 서로 필요한 물건을 물물 교환 하는 거래는 아주 오랜 옛날부터 있었을 테니까요.

그러나 거래는 불편했을 거예요. 사슴 한 마리를 잡은 사람이 사과 두 개가 필요하다고 해서, 귀한 사슴을 겨우 사과 두 개와 바꿀 수는 없잖아요. 사과 두 개와 토끼 다섯 마리 정도면 바꿀 테지만, 토끼 다섯 마리를 당장 어디서 찾겠어요?

그래서 사람들이 돈이라는 걸 발명해서, 물건끼리 바꾸지 않고 물건과 돈을 바꾸기 시작했다는 게 거래가 먼저 있었고 돈이 나중에 생겼다는 주장이에요.

이 가정이 맞으려면, 아주 강력한 힘과 권한을 가진 누군가가 "오늘부터 우리는 이 하얀 조개껍데기를 돈으로 사용한다, 알았지?"라고 명령을 내리고 사람들은 그 명령을 따랐어야한다는 거죠. 하지만 그 자체로는 별 가치도 없어 보이고 나중에 정말 쓸 수 있는 건지 아직은 믿기도 힘든 하얀 조개껍데기를 받고 내 소중한 사슴을 내줬다는 이야기는 조금 의심스럽지 않나요?

아무리 생각해도 그 대목이 어색하기 때문에, 일부 학자들은 돈의 탄생을 좀 다르게 설명해요. 소금이나 쌀같이 저장도 쉽고 상하지도 않으면서 그 자체로 가치가 있는 것을 거래의 수단으로 쓰는 깃이 치음부터 자연스럽다는 거예요.

예를 들면, 사슴 한 마리와 사과 두 개를 바꾸려고 할 때 사과 두 개를 가져온 사람이 소금 두 봉지를 더 얹어 주면, 사슴을 판 사람은 그 소금 두 봉지로 토끼 다섯 마리를 살 수 있으니 거래가 쉽게 이뤄진다는 거죠.

골드시티에서 살아남기

　어느덧 밤이 깊었다. 시청 앞의 탑 꼭대기에 달린 시계에서 종소리가 열두 번 울렸다.
　한밤에도 골드시티는 환한 불빛으로 출렁였다. 여전히 문을 연 가게들도 있었지만, 저녁의 시끌벅적함 대신 밤의 고요함이 찾아왔다.
　몬들에게는 낯설고 피곤한 하루였다.
　그란발이 길게 하품을 했다.
　"흐아암~."
　지우리의 눈도 가물가물 감기다 다시 뜨이기를 반복했다.
　깜토가 안절부절 주변을 둘러보았다.
　"우리 어디서 자지?"

비비 대장이 골드시티 중앙의 큰 건물을 가리켰다.

"저 건물 위로 가자. 높은 건물 위에서라면 밤새 별일 없이 보낼 수 있을 거야. 지우리, 긴 덩굴 좀 만들어 줄래?"

지우리가 만들어 낸 긴 덩굴을 비비 대장이 지붕에 고정했다. 지우리는 덩굴을 타고 가볍게 지붕으로 올라갔다. 깜토도 달빛이 만들어 낸 그림자에 섞여 순식간에 꼭대기에 도착했다. 마지막 그란발은 좀 버둥거리긴 했지만, 어쨌든 지붕 위로 오르는 데 성공했다.

몬 원정대는 지붕 위에 훌렁 드러누웠다.

"예쁘다……."

지우리가 별과 달이 반짝이는 까만 하늘을 올려다보며 중얼거렸다.

"그러게 말이야. 몬섬보다 하늘이 더 반짝이는 것 같아."

그란발이 눈을 감은 채 대꾸했다.

"보이는 거에 너무 마음을 놓진 마. 이곳이 진짜 인간 세상보다 안전할지, 아니면 더 위험할지는 아직 알 수가 없잖아."

비비가 대장답게 대원들의 마음을 다잡았다. 어느 한순간도 긴장의 끈을 놓을 수 없다고 생각하면서.

몬들의 잠을 깨운 건 이른 아침부터 내리기 시작한 비였다. 그란발은 얼굴로 떨어지는 빗방울을 벅벅 문지르며 옆으로 돌아누웠다. 빗방울은 금세 굵은 장대비로 변했다. 쏴아아, 쏴아, 투둑투둑투둑. 지우리가 진저리를 치며 일어났다.

"앗, 차가워."

깜토도 눈을 끔벅이며 일어났고, 비비 대장이 푸드덕 날아오르며 외쳤다.

"모두 내려가자."

땅으로 내려온 몬들은 축축하게 젖은 채, 열려 있는 문 안으로 뛰어 들어갔다.

"손님, 어서 오세요."

몬들이 들어간 곳은 음료를 판매하는 카페였다.

그란발이 킁킁 냄새를 맡았다.

"이 냄새는 뭐지?"

"코코아입니다. 저희는 특별히 따뜻한 우유에 초코 가루를 세 스푼이나 넣어 드리죠. 골드시티에서 가장 달콤하고 맛있는 코코아예요. 고소한 휘핑크림도 추가할 수 있고요."

그란발은 카페 주인의 설명을 반도 이해하지 못했지만, 이 코코아라는 음료가 어마어마하게 달콤하고 맛있으리라는 걸 냄새만으로도 강렬하게 느꼈다. 그란발의 코가 벌름거렸다.

갑자기 차가운 비를 맞아 따뜻한 음료수를 마시고 싶은 건 그란발만이 아니었다. 몬들은 모두 한마음으로 배낭을 뒤졌지만, 배낭엔 아무것도 없었다.

"왜 없지? 매일 1골드씩 생긴다더니."

그란발의 불평에 카페 주인이 말했다.

"1골드는 정확히 아침 9시에 들어온답니다. 아직 8시예요."

사실, 몬들에게 1골드씩 생긴다고 해도 다 모아 봤자 4골드밖에 안 되었다. 4골드로는 코코아 한 잔도 살 수 없었다.

비비 대장이 당당히 말했다.

"그럼 우리는 코코아를 구경만 할게요."

그러자 돌연 카페 주인의 얼굴이 험악하게 변했다.

"우리 카페는 무조건 한 명당 음료 한 잔씩 시켜야 합니다."

"신발 가게에서는 신발을 구경만 해도 된다고 했는데요?"

"신발이나 그러죠. 누가 카페에서 음료를 구경만 해요? 다른 손님들한테 방해되니까 어서 나가세요!"

몬들은 순식간에 카페 밖으로 튕겨졌다.

아침 8시에 문을 연 곳은 별로 없었다. 상점 거리에 있는 가게들은 굳게 닫혀 있었다. 은행 건물로 달려갔지만 문은 열리지 않고 이상한 소리만 들려왔다.

은행에 비시민은 출입할 수 없습니다.

한 아바타가 도서관으로 들어가는 걸 보고 따라 들어가려고 했으나, 유리로 된 자동문은 몬들 앞에서 쾅 닫혔다.

도서관에 비시민은 출입할 수 없습니다.

"왜 우리만 못 들어가는 거야?"

지우리가 화가 나서 소리쳤다.

"그냥 거울문으로 돌아가면 안 돼? 잠시 몬섬에 갔다가, 날이 좋아지면 다시 오자. 비는 원래 오다가도 곧 그치잖아."

깜토는 쿨쿨병 약을 구하려다 모두 큰 병에 걸리겠다 싶어 걱정이 되어 말했다.

"거울문은 한 달에 딱 한 번, 보름달이 뜰 때만 열리는 거 잊었어? 우린 앞으로 28일은 더 이곳에서 지내야 해. 그동안은 쿨쿨병 약을 찾는 대만 집중하자."

비비 대장과 몬들은 주룩주룩 쏟아지는 비를 맞으며 다시 시청 앞으로 돌아왔다. 시청에는 아침 일찍부터 여러 아바타들이 들어가고 나왔다. 유리문을 통해 시청 안을 들여다보던 비비 대장이 다시 시청 앞에 섰다.

당신은 비시민입니다. 시민 등록이 필요합니다. 시민 등록을 하시겠습니까?

하지만 다른 아바타들에게는 잘만 열리던 문은 비비 대장 앞에서 다시 꾹 닫힌 채 열리지 않았다. 골드시티의 매뉴얼을 전혀 몰랐던 몬들은 문 앞에 설 때마다 반복해서 나오는 안내를 이해할 수 없었다.

"우리도 저 아바타들과 다르지 않다고 했는데, 왜 우리 앞에 서만 모든 문이 꾹 닫혀 버리는 걸까?"

"아마 우리한테 골드가 없기 때문일 거야."

"맞아, 어제 만난 인간들은 모두 골드를 달라고 했잖아. 골드가 있어야 문을 열 수 있는 걸지도 몰라."

"그럼 일단 9시까지 기다려 보자."

몬 원정대는 배낭에 1골드가 생기기를 기다리며 시청 앞에 나란히 쭈그리고 앉았다.

　몬들이 주룩주룩 비를 맞으며 떨고 있는 오늘은 바로 토요일이었다. 제나와 하루는 아침 일찍부터 골드시티에서 만나기로 약속되어 있었다.

　"흠, 골드시티에 비가 오는구나? 잘됐다~, 지난주에 산 새 비옷을 입을 기회야!"

　제나는 보라색 레인 부츠와 보라색 비옷, 보라색 원피스에 보라색 우산까지, 모두 보라색으로 차려 입기로 했다.

　준비 완료! 제나의 몸을 금빛 회오리가 감쌌고, 금빛 회오리가 사라졌을 때 세나는 골드시티 시계탑 앞에 서 있었다.

제나가 가장 먼저 본 모습은 시청 앞에서 비를 쫄딱 맞으며 덜덜 떨고 있는 몬 원정대였다.

"어? 어제 걔들인데. G패스도 모르던 초보들."

제나는 보라색 우산을 빙빙 돌리며 몬들 앞으로 걸어갔다.

"초보들, 여기서 뭐 해?"

지우리가 톡 쏘아붙였다.

"인간, 보면 몰라? 비 맞고 있어."

"그러니까 왜 비를 맞냐고? 우산을 쓰든지 비옷을 입어."

그란발이 시무룩하게 말했다.

"우산을 살 골드가 없어."

제나가 G패스로 시간을 확인했다.

"9시가 되면 1골드가 생기는 거 알지? 나는 비옷이 있으니까 이 보라색 우산을 너네한테 2골드에 팔게. 이거 어마어마하게 싼 가격이다?"

곧이어 시계탑 종이 아홉 번 울렸다. 그란발과 지우리가 얼른 배낭에서 1골드씩을 찾아 제나에게 주었다.

"사겠다, 인간."

제나가 싱글싱글 보라색 우산을 건네주었다.

"잘 생각했어! 제나라고 불러. 앞으로 자주 만날지도 모르니까. 그런데 말이야……, 너네 좀 이상하다?"

다행히 제나가 몬섬에서의 일을 기억하는 건 아니었다.

'이곳에서의 모습은 실제와 다를 수 있댔지? 그렇다면······.'

비비 대장이 최대한 자연스럽게 제나에게 대꾸했다.

"우린 몬섬에서 온 몬이다. 난 비비, 이쪽은 그란발, 지우리, 깜토."

비비 대장의 소개에 세 몬이 어색하게 씨익 웃으며 인사했다.

제나가 깔깔 웃었다.

"와하하하, 엄청 귀엽다. 좋아, 몬들. 친하게 지내자!"

곧이어 시계탑 앞에 하루가 등장했다.

제나가 하루에게 손을 흔들었다.

"하루야, 여기! 여기 몬섬에서 온 몬들을 소개할게. 완전 초보들이라 우리 도움이 좀 필요할 것 같아."

찰박찰박 비 사이로 걸어온 하루가 몬들을 쓱쓱 훑어보았다.

"너네 G패스는 왜 안 차고 있어?"

비비 대장이 말했다.

"골드가 생기면 살 거다."

하루가 제나를 보았다.

"제나야, 애들한테 시청에 시민 등록만 하면 G패스가 지급되는 거 안 알려 줬어?"

제나가 어깨를 으쓱여 보였다.

"아, 깜박했네! 네가 좀 알려 줘. 그것 말고도 애들 배워야 할 게 많겠더라고."

하루가 몬들을 향해 얼굴을 휙 돌렸다.

"시민 등록을 안 하면 3일 뒤에 아바타가 삭제되는 것도 모르는 거야?"

"삭제? 사라진다는 말이야?"

"대체 어떻게 들어온 거야? 이쪽으로 와 봐. 시민 등록하는 게 뭐가 어렵다고."

'삭제'라는 말에 당황한 몬들이 허둥지둥 하루 뒤를 따랐다.

시청 문 앞에 서자, 아까와 같은 멘트가 흘러나왔다.

드디어 굳게 닫혀 있던 시청 문이 활짝 열렸다.

"이제 배낭 속에 G패스가 생겼을 거야. 그걸 차고 다니면 골드를 모으기도 더 쉽고, 골드시티 안의 정보를 빠르게 볼 수 있어. 그럼 난 이만 간다."

하루가 필수 정보를 말해 주더니, 서둘러 자리를 뜨려 했다. 한시라도 빨리 이 성가신 초보들에게서 벗어나고 싶었다.

"잠깐만! 골드를 모으는 방법도 알려 줘. 하루에 하나씩 생기는 것 말고 다른 방법도 있는 거지?"

지우리가 다급히 하루의 팔을 붙잡았다. 모든 걸 골드로 거래하는 곳이니, 쿨쿨병 약을 찾는다면 골드가 필요할 테니까.

"초보들, 잘해 봐. 가자, 제나야."

하루는 제나와 함께 서둘러 사라졌다. 시청 안에는 아침 일찍부터 골드시티에 접속한 시민들이 부산히 움직이고 있었다.

그 순간, 띠링띠링 G패스에 알람이 울렸다.

가자, 축제장으로!

장미 축제 아르바이트를 위해 달리는 몬 원정대!
미션 장소로 가려면 꼬불꼬불 미로 같은 길을 통과해야 된대. 어서 달려~!

★ 정답은 152쪽에서 확인해 보세요. ★

장미 축제 대소동

"어디지?"

몬들이 두리번거리자, G패스가 이들에게 진동으로 방향을 알려 주었다. 이 퀘스트를 진행하겠다고 선택한 아바타들에게 모두 정보가 전달되는 것 같았다.

"저쪽이야. 벌써 여섯 명이나 서 있어."

"열 명 안에 들어야 돼!"

몬들은 있는 힘껏 뛰었다. 가장 날쌘 비비 대장이 일곱 번째로 섰고, 다음으로 지우리, 다음으로 깜토가 뒤에 섰다. 지우리는 허겁지겁 느리게 뛰어오는 그란발을 향해 외쳤다.

"빨리 와, 그란발!"

그 순간, 누군가 그란발을 앞서 달려갔다.

"안 돼! 마지막 자리는 내 거야!"

그란발은 큰 발로 도움닫기를 해 그대로 점프했다.

쿵! 그란발의 착지가 만들어 낸 굉음이 땅을 뒤흔드는 순간, G패스의 퀘스트 창이 깜박였다.

선착순 10명 모집에 들었습니다.

성공!

그란발은 가까스로 마지막 열 번째 자리를 차지했다. 원정대는 모두 함께 퀘스트를 할 수 있게 된 것을 기뻐했다.

120골드라니! 핫도그를 120개나 살 수 있는 어마어마한 양이었다. 비가 오면 우산을 사고, 카페에서 코코아를 마신 다음, 벼룩시장에서 마음에 드는 물건을 여러 개 사고도 남을 것 같았다.

깜토의 입가가 기대와 기쁨으로 씰룩 움직였다. 아직 골드를 받은 것도 아닌데.

축제 준비팀에서 머리에 장미꽃을 꽂은 남자가 나왔다.

"돌발 퀘스트를 하게 된 진행 요원 여러분 환영합니다. 저는 장미 축제를 책임질 파티 매니저입니다. 지금부터 여러분이 할 일을 알려 드리겠습니다. 우선 이 머리띠를 하고 조끼를 입으세요."

 매니저의 말이 끝나기가 무섭게 열 명에게 분홍 머리띠와 조끼가 씌워졌다.

 비가 그친 광장 바닥에 파란 불이 반짝이기 시작했다. 허공에서 안내 방송이 흘러나왔다.

 "곧 광장에 장미 축제 무대가 만들어집니다. 광장에 계신 분들은 모두 이동해 주세요. 이동하지 않는 분들은 20초 뒤 시계탑 옆으로 자동 이동됩니다."

 그리고 20초 뒤, 광장 전체를 황금빛 섬광이 뒤덮더니, 몬들 앞에 어마어마한 장관이 펼쳐졌다.

 텅 비었던 광장에 순식간에 '골드시티 장미 축제'라는 플래카드가 내걸리고, 거대한 무대도 나타났다.

 "우아~, 멋지다! 이 퀘스트를 선택하기 잘했어!"

감탄하는 몬들을 뒤로 하고, 매니저가 앞서 걸으며 줄을 선 아바타들에게 손짓했다.

"모두 이쪽으로. 한 명씩 미션을 드리겠습니다."

깜토가 첫 번째 미션을 받았다. 바로 장미꽃 나눠 주기.

"축제장 밖에서 아바타들에게 장미꽃을 나눠 주면 됩니다."

"그냥 주기만 하면 되나요? 골드는 받지 않고요?"

"네. 하지만 그걸 받은 사람이 축제장으로 들어와야 보상을 받을 수 있죠. 50명 이상만 들어오면 미션 성공입니다."

장미꽃을 건네고, 축제장으로 안내한다! 별로 어려운 미션이 아닌 것 같았다. 골드시티에서의 첫 번째 임무에 긴장했던 깜토는 마음이 스르르 풀렸다.

"네! 걱정 마세요!"

매니저는 나머지 진행 요원들을 이끌고 다음 장소로 이동했다.

지우리가 고개를 갸웃거리며 물었다.

"장미를 왜 그냥 줘요? 골드랑 교환해야 하는 거 아니에요?"

골드시티에서는 모든 게 교환을 통해 이루어진다는 것을 막 배웠는데, 장미는 공짜라니. 이해가 안 됐다.

"가끔 미끼도 필요한 법이니까요. 축제장으로 들어온 아바타들이 더 큰 수익을 가져다줄 거예요."

지우리는 서둘러 매니저의 말을 받아 적었다.

미끼가 더 큰 수익을 가져다준다.

사실 무슨 말인지 이해할 순 없었지만, 일단 골드시티에서 일어나는 신기한 일들은 모두 몬섬으로 적어 보내기로 했기 때문에, 부지런히 받아 적었다. 그러는 사이 다음 미션 장소에 도착했다. 이번 미션은 아이스크림 팔기.

상큼하고 새콤한 레몬 향이 주변에 가득 퍼지자 그란발이 코를 킁킁거리며 냄새의 진원지를 향해 홀린 듯 걸음을 옮겼다.

"엄청난 냄새가 나!"

하지만 금세 투명한 유리에 코를 박고 말았다.

쿵!

"아얏!"

다음 미션은 사탕 판매였다. 멀리서 동글동글 화려한 색깔의 사탕이 가득 들어 있는 부스가 보이자, 그란발이 제일 먼저 달려갔다.

"우앗, 저것도 맛있어 보여!"

하지만 부스와의 거리가 가까워지자 그란발은 그 자리에서 뚝! 움직이지 않았다.

"그런데 냄새가……."

사탕 부스에서는 매콤하고 시큼하고 쓴 냄새가 났다. 어떤 것도 그란발의 취향은 아니었다. 그란발은 이 미션을 맡게 될까 봐 더 이상 앞으로 나서지 않았다.

"신제품인 겨자 맛, 식초 맛, 약초 맛 캔디입니다. 대중적인 맛은 아니지만, 마니아들에게는 인기 있는 제품이죠. 이건 딱 10개만 팔면 성공입니다."

앞의 미션들에 비해 성공 기준이 낮아 보였다.

"그럼 제가 할게요."

비비 대장이 나섰다. 대장답게 얼른 자신의 미션을 끝내고 축제장을 좀 더 자세히 살펴볼 계획이었다.

"좋아요. 그럼 비비 씨가 맡아 주세요."

매니저가 뜻 모를 미소를 지으며 비비만 남기고 일행과 자리를 이동했다.

그란발은 먹는 것과 아무 상관 없는 일을 하게 되었다. 황금 두더지 잡기 게임 부스였다.

몬들의 첫 퀘스트였다. 몬섬에서는 '반드시 해야 하는' 또는 '완수해야 보상을 받는' 일은 흔치 않았다. 하지만 어제 하루 동안, 골드시티에서는 골드가 반드시 필요하다는 사실을 배웠고, 이것만 달성하면 충분한 양의 골드를 가질 수 있다는 생각에 열심히 손과 발을 놀렸다.

하지만……

아바타들은 정말 장미꽃을 좋아했다. 하지만 장미꽃을 받은 아바타들이 모두 축제장으로 들어가지도 않았고 어떤 아바타들은 장미꽃을 몇 송이씩 요구하는 바람에, 깜토가 준 장미꽃을 받고 축제장으로 들어간 수는 열 명도 채 되지 않았다.

　지우리가 아이스크림을 크게 퍼 줄수록, 아바타들은 더 크게 환호했다. 아이스크림 부스에도 아바타들이 바글바글 모였다.

　'와, 미션 성공할 수 있겠어!'

　지우리가 속으로 기쁨의 환성을 외치며 스무 번째 아이스크림을 푸는 순간, 아이스크림 통이 바닥을 드러냈다.

　"어, 아이스크림이 떨어졌네. 어떡하지?"

　결국 지우리 역시 미션을 다 수행할 수 없었다.

비비가 사탕을 얼른 팔아 치우기 위해 시작한 화려한 저글링은 오히려 손님을 더 내쫓고 말았다. 톡 쏘는 매콤하고 씁쓸한 냄새는 축제장과 어울리지 않았고, 냄새가 멀리 퍼질수록 손님들은 더 멀리 둘이서 갈 뿐이었다.

"저쪽에서 이상한 냄새가 나!"

"어휴, 저쪽엔 얼씬도 하지 마!"

결국 미션을 완수해야 하는 두 시간이 다 지나도록 비비는 사탕을 단 하나도 팔지 못했다.

깜토, 지우리, 비비가 모두 미션에 실패하고, 이제 남은 건 그란발뿐이었다.

"그란발의 미션은 뭐야?"

"모르겠는데? 아까 저쪽으로 가는 걸 봤어."

세 몬이 그란발이 있을 만한 곳에 거의 도착했을 무렵, 엄청난 소리가 축제장에 울려 퍼졌다.

우지끈!

"이게 무슨 소리야?!"

소리가 난 곳으로 달려간 몬들은 금세 그란발을 찾았다. 두더지 게임장 한가운데, 부서진 게임기와 그 앞에 선 그란발이 있었다. 파티 매니저의 얼굴은 수박처럼 시뻘게져 있었다.

그란발 씨! 이게 대체 무슨 일이에요?!

시범을 보여 주려다가 그만….

팅~

파티 매니저는 축제장을 엉망으로 만들어 버린 그란발을 즉시 축제장에서 내쫓았다.

"힝……, 힘껏 내려치라고 되어 있었단 말이야……."

하지만 그란발의 미션 실패는 실패로 끝나지 않았다. 파티장을 미처 나오기도 전에 그란발의 G패스가 빨갛게 삐삐거리더니, 메시지가 떠올랐다.

 삭제가 뭐야? 엄청나게 무서운 일이 벌어지는 거야?

모르겠어, 어딘가로 끌려가는 걸까? 몬섬으로 다시 못 돌아가는 거면 어떡해? 그렇게 쉽게 게임기가 망가질 줄 몰랐어. 힝….

 정확히 모르겠지만, 좋은 상황이 아닌 건 분명해 보여. 1,000골드라니. 엄청난 양이잖아.

하루라는 애한테 다시 물어보자. 좀 더 쉬운 방법을 알려 달라고 해야겠어.

 오늘은 이미 다녀갔으니, 내일까지 기다려야 할 것 같은데?

그렇겠군. 물어볼 게 많아. 이제 보니, 인간 세상 탐험은 골드를 모으는 게 엄청 중요한 거였어.

 그나저나 그란발…, 그 삐삐거리는 소리 좀 안 나게 할 수 없니?

나도 시끄러워 죽겠다고. 이것 좀 꺼 줘!

 나는 그것보다…, 계속 이상한 냄새 나지 않아?

그러고 보니…, 비비 대장! 대체 뭘 하다 온 거야?

 아, 그게…, 겨자 사탕을 좀 가지고 놀았더니…. 냄새 심해? 멀리 가 있을까?

어! 우리 먼저 갈게. 좀 떨어져서 올래?

 너무해…. 그렇게 피할 것까진 없잖아. 같이 가….

이기자 리포트 2
돈을 벌어 볼까요?

몬들이 첫 번째 돈 벌기 도전에 실패했군요! 이 친구들에게 돈을 버는 방법에 대해서 좀 알려 주어야겠습니다. 여러분도 돈 버는 방법이 궁금하다고요? 그럼 같이 들어 주세요.

돈은 어떻게 버는 걸까요?

아무리 돈이 많은 사람도 스스로 돈을 만들어 낼 수는 없어요. 돈은 다른 사람에게서 받아야만 생깁니다. 그러려면 어떻게 하냐고요? 다른 사람이 나에게 돈을 주도록 만들어야죠! 비법은 바로 사람들이 필요로 하는 것을 해 주는 거예요. 사람들은 자기를 행복하게 해 주는 것에 기꺼이 돈을 내거든요.

예를 들면, 목이 마른 사람들은 물을 마시면 행복하겠다고 생각할 테니 그런 사람들에게 물을 팔면 돈을 벌 수 있어요. 간단하죠?

길을 잃은 사람에게 길을 가르쳐 주고, 배고픈 사람에게 음식을 주고, 심심해하는 사람에게 재미있는 이야기를 해 주는 것도 모두 돈을 버는 방법이에요.

그러니까 돈을 벌고 싶다면, 제일 먼저 '과연 저 사람은 뭐가 필요할까?' 곰곰이 생각해 보세요. 아이디어가 떠오르나요? 그렇다면 다음 단계로 넘어가 보죠!

돈을 벌기 위해 생각해야 할 것들

①내 물건을 돈 주고 살 사람은 몇이나 될까?

여러분이 물을 팔기로 했다면 우선 어떤 물을 팔지 고민할 거예요. 저렴하고 구하기 쉬운 물부터 비싸지만 더 깨끗한 물, 탄산이 톡톡 터지는 물, 달달한 향이 나는 물까지. 다양한 물 중 무엇을 팔지는 어떤 기준으로 결정할까요?

바로 '사람들이 많이 살 것 같은 물'을 골라야겠죠. 내가 팔 물을 살 사람들이 있어야 (=수요가 있어야) 돈을 벌 수 있으니까요. 그러니 어떤 물건을 어떤 조건에 팔아야 사람들이 돈을 낼지, 그것을 살 사람은 몇이나 될지를 꼼꼼히 따져 봐야 한답니다.

②내가 할 수 있는 일일까?

물을 만들어 팔든 다른 곳에서 사 와서 팔든, 내가 할 수 있는 일이어야 해요. 그러려면 그 일을 할 시간이 있어야 하고, 일을 위해 움직일 만큼의 체력도 필요하고, 물을 팔 수 있는 공간도 필요하겠죠.

③내가 남들보다 더 잘할 수 있을까?

물을 마시고 싶은 사람은 한 명인데 물을 파는 사람은 세 명이면, 내가 파는 물이 다른 사람이 파는 물보다 더 싸거나, 더 깨끗하거나, 더 좋은 물이어야 선택받을 수 있어요. 아니면 내가 다른 사람들보다 더 친절해서 손님의 기분을 좋게 만드는 것도 경쟁력의 중요한 요소지요.

누구나 이 세 가지 조건을 모두 갖추면 돈을 벌 수 있어요. 어때요, 쉬워 보이나요? 보기에는 간단해도, 이 세 조건을 모두 충족하는 건 아주 어려운 일이에요. 게다가 경쟁이 치열해질수록 조건은 더욱 까다로워집니다.

착하게 살면 부자가 될까?

여러분은 돈을 많이 벌고 싶은가요? 아마 그럴 거예요. 돈을 조금만 벌고 싶은 사람은 아마 한 명도 없겠죠. 돈이 넉넉히 있으면 많은 걸 사고, 많은 일을 할 수 있으니까요. 그래서 우리는 돈이 많으면 행복한 인생을 살 수 있다고 믿어요. 돈이 많은 사람을 보면 참 부럽기도 하고요. 그런 사람들은 왠지 행복해 보이고, 뭔가 하늘의 선물을 받은 거라고 생각하게 되고, 나도 그렇게 되려면 착하게 살아야 한다고 믿게 되죠.

그런데 돈을 벌기 위해서 꼭 착하게 살 필요는 없어요. 돈을 많이 버는 사람들 중에는 착해 보이는 사람도 있지만, 별로 착해 보이지 않는 사람도 있잖아요. 참 착한데 돈을 못 버는 사람도 있고, 참 나쁜데 돈을 많이 버는 경우도 있고요. 그 이유가 뭘까요? 친구들과 수영장에 놀러 갔는데 아직 수영을 할 줄 몰라서 튜브가 필요하다고 생각해 보세요. 그럼 여러분은 어떤 튜브를 살 것 같나요? 튼튼하고 예쁘면서도 가격도 저렴하지만, 괴팍한 할아버지가 파는 튜브를 살 건가요? 아니면 좀 이상하게 생겼고 가격도 비싸지만, 착한 할아버지가 파는 튜브인가요?

착한 할아버지가 파는 튜브라도 별로 안전해 보이지도 않고 예쁘지도 않은데 가격까지 비싸다면 팔리지 않아요. 반대로 괴팍해 보이는 할아버지가 파는 튜브라도 안전하고 튼튼해 보이면서 예쁘고 가격이 저렴하면 잘 팔리죠.

물건을 소비하는 데는 생산자가 착한지 나쁜지는 그다지 중요하지 않은 거예요. 소비하는 우리가 그걸 그다지 중요하게 생각하지 않는다면 말이죠.

그러나 다른 모든 조건이 비슷하다면, 착한 사람이나 착한 기업의 손을 들어 주는 일이 있죠. 기왕이면 착한 사람의 물건을 사는 게 소비자인 우리의 기분도 더 좋아지거든요. 친환경 포장지를 사용한 과자는 좀 더 비싸더라도, 사람들은 환경에 관심을 기울이는 기업이 좋은 기업이라고 생각해서 그 과자를 사기도 해요. 어떤 기업이 나쁜 이미지로 낙인찍히면, 소비자들이 모두 힘을 모아 그 회사의 제품을 사지 않기도 하고요.

2권 미리보기

**지금 사람들에게 필요한 게 먼지 잘 관찰해 봐!
돈을 버는 방법은 바로 그 안에 있거든!**

가상 세계에서 삭제될지도 모른다는 무시무시한 경고를 들은 몬들은
본격적으로 돈 벌기의 세계에 뛰어든다.
"우리가 잘할 수 있는 게 머지?"
장미 축제의 미션에 죄다 실패해 버린 몬들의 어깨는 축, 눈은 촉촉,
망연자실 도움을 줄 인간 아이들을 기다리는데…….

그때 멀리서 들리는 반가운 목소리, 하루와 제나는 몬들의 퀘스트 실패
경험담을 듣고 확실하게 골드를 모을 수 있는 "농작물 키우기"를 제안한다.
일한 만큼 과일을 수확해 돈을 벌 수 있다는 말에,
인간 세상 음식의 꿀맛을 경험한 몬들은 당장 농장으로 향한다.

모두가 같은 입장료를 내고 다 함께 농사를 지어서
똑같이 나누어 가지는 써니 농장과 입장료도 일하는 방식도
수확하는 양도 노력에 따라 달라지는 허니 농장!
몬들은 어떤 선택을 해야 할까?

정해진 시간 안에 벌금을 모으기 위해 땀 흘리며 일하는 몬들,
그런데 이번엔 팜섬의 농작물을 갉아 먹는 벌레가 출몰했다고?
"이 작고 예쁜 벌레를 어떻게 죽여……."
"하지만 이걸 없애지 않으면 딸기를 수확할 수가 없는데?"
몬섬의 약초사 지우리는 인간에게도 벌레에게도 식물에게도
해롭지 않을 새로운 약의 개발을 시작한다.

하지만 지우리의 뒤를 좇는 끈질긴 시선!
그리고 갑자기 시작된 팜섬을 울리는 경보까지!
"얘들아, 지우리가 사라졌어!"
1,000골드를 모아야 하는 몬 원정대의 운명은?

다음 이야기도
기대해 줘!

알록달록
골드시티 꾸미기

몬 원정대와 함께하는 골드시티 탐험 재밌었나요?
책 속의 골드시티보다 더 예쁘게 꾸밀 수 있는 사람?
나만의 골드시티를 꾸며 보세요!

84쪽
게임1 정답

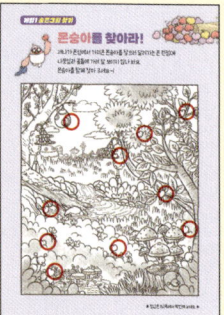

126쪽
게임2 정답

❶ 처음 만나는 경제

기획·해설 이진우 **글** 글모 **그림** 지문
펴낸이 김영곤 **펴낸곳** (주)북이십일 아울북

1판 1쇄 인쇄 2023년 9월 6일
1판 2쇄 발행 2025년 9월 4일

기획개발 문영 **프로젝트 4팀** 김미희 이해인 **디자인** 박지영
영업팀 정지은 한충희 남정한 장철용 강경남 황성진 김도연 이민재
제작 이영민 권경민

출판등록 2000년 5월 6일 제406-2003-061호
주소 (10881) 경기도 파주시 회동길 201(문발동)
대표전화 031-955-2100 팩스 031-955-2177 홈페이지 www.book21.com

ISBN 979-11-7117-082-1
ISBN 978-11-7117-081-4 (세트)

이 책을 무단 복사·복제·전재하는 것은 저작권법에 저촉됩니다.

* 책값은 뒤표지에 있습니다.
* 잘못 만들어진 책은 구입하신 서점에서 교환해 드립니다.

- 제조자명: (주)북이십일
- 주소 및 전화번호: 경기도 파주시 회동길 201(문발동) 031-955-2100
- 제조연월: 2025년 9월 4일
- 제조국명: 대한민국
- 사용연령: 3세 이상 어린이 제품

너와 나, 우리들의 마음을 이해하게 도와줄
첫 번째 뇌과학 이야기
정재승의 인간 탐구 보고서 (1~17권)

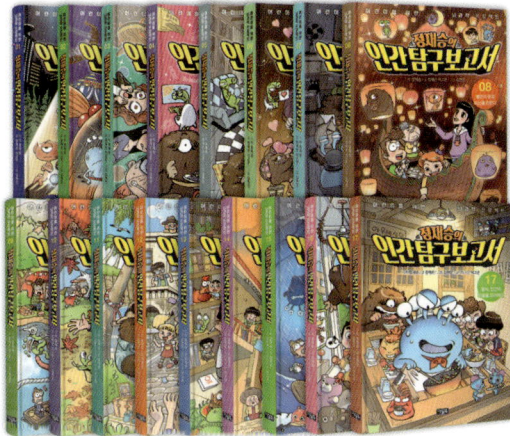

❶ 인간은 외모에 집착한다
❷ 인간의 기억력은 형편없다
❸ 인간의 감정은 롤러코스터다
❹ 사춘기 땐 우리 모두 외계인
❺ 인간의 감각은 화려한 착각이다
❻ 성은 우리를 다르게 만든다
❼ 인간은 타고난 거짓말쟁이다
❽ 불안이 온갖 미신을 만든다
❾ 인간의 선택은 엉망진창이다
❿ 공감은 마음을 연결하는 통로
⓫ 인간을 울고 웃게 만드는 스트레스
⓬ 인간은 누구나 더없이 예술적이다
⓭ 인간은 모두 호기심 대마왕
⓮ 인간, 돈의 유혹에 퐁당 빠지다
⓯ 소용돌이치는 사춘기의 뇌
⓰ 사랑은 마음을 휘젓는 요술 지팡이
⓱ 늠식, 인간의 미음을 요리하다

인류의 과거와 현재를 이어 줄
아우린들의 시간 여행!
정재승의 인류 탐험 보고서 (1~10권)

완간

❶ 위대한 모험의 시작
❷ 루시를 만나다
❸ 달려라, 호모 에렉투스!
❹ 화산섬의 호모 에렉투스
❺ 용감한 전사 네안데르탈인
❻ 지구 최고의 라이벌
❼ 수군수군 호모 사피엔스
❽ 대륙의 탐험가 호모 사피엔스
❾ 농사로 세상을 바꾼 호미닌
❿ 안녕, 아우레 탐사대!